[活用 4色]

複習重點 • 一頁一秒

筆記勝經

日本全國榜首、作品熱銷160萬冊作家

石井貴士

天才筆記術

只要學會作筆記，
從今天開始
我們又更接近天才一步！

One
Minute

前言

看到這本書的書名，應該有不少讀者會冒出這樣的念頭：「筆記術？筆記不就是依照自己喜歡的方式做就好了嗎？」

實際上，以我目前為止已經超過十年的演講經驗來看，來參加講座的聽眾裡面，每一百人大概只有一位會讓我覺得「這個人作筆記的方式好厲害啊！」，其他90幾位幾乎都是「原來你這樣子記筆記，難怪日後無法好好複習。」這樣的程度。

成功做好筆記的必勝法

我長期以來一直不斷思考怎麼寫這個主題。

現在讓我來詳細地為各位說明，何謂「一分鐘筆記術」——也就是如何「正確地」作筆記。

國中、高中生，甚至是社會人士，幾乎每天都有作筆記的機會。但很多人仍然「不知道該如何成功地做好筆記」或是「根本沒有想過如何作筆記」。

腦中的思緒亂七八糟，作筆記的方式也會跟著一團亂。

明明上的是同樣的課，有的人成績順利一路向上，有些人的成績卻始終在谷底徘徊。

這是因為大家記在筆記裡面的內容不同，才導致成績出現了差異。

即使筆記本一直陪伴在你左右，但你一輩子應該都沒想過要學習如何作好一本筆記吧。

而學習過程中出現的部分「盲點」，很可能，就是來自於你「作筆記的技術」。

若是能夠克服學習上的「盲點」，你的腦袋靈活度極有可能會有驚人的改善！

One Minute

愛迪生的成功，來自於「3700本筆記」！

「備忘錄是我的救命恩人」

——愛迪生

愛迪生十分沉迷於作筆記。

他非常清楚在自己的人生中，寫筆記有多麼重要。

你是否清楚作筆記這件事情，對你的人生到底產生了多大的影響？

看到這句話，多數人應該都會覺得：「什麼！作個筆記會影響到我的人生？你也說得太誇張了吧！」。

如果會這樣想的話，你可能也是屬於尚未察覺到筆記重要性的族群。

像愛迪生這樣的天才，都把作筆記當成最重要的事情。

那麼，我們是不是也應該更加重視作筆記的方法？

愛迪生遺留下來的筆記高達三千七百本之多。

只要遇到困難，他就會回去翻閱筆記，然後就可以從中得到啟發，有了新的發明。

接下來，我想問你：

現在的你，身邊累積了多少本筆記呢？

當你遇到困難時，有回頭翻閱過去所做的筆記本的習慣嗎？

絕大部分的人累積的筆記本數量約在一百本以下，而且大概因為生活太過忙碌，所以完全沒有時間回頭複習自己的筆記吧？

追根究底，我想這就是為什麼你在當學生的時候課業上一直拿不到高分，而出了社會工作，業績也無法快速提升的原因吧！

請想想看。

如果你做的筆記和愛迪生一樣多，也像他一樣，而且有回頭重複參考筆記的習慣，將會有什麼不同呢？

這樣一來，你的課業成績或者業績會不會也像這位天才一樣呢？

One Minute

達文西之所以能在各領域之中成為天才，就是因為他認真「筆記」！

為什麼愛迪生會沉迷於作筆記呢？

這是因為愛迪生有個尊敬的人物。

這個大人物，就是在各個學術領域之中都被稱為天才的——李奧納多・達文西。

愛因斯坦雖然也被稱為天才，但他的成就僅止於物理學的領域中。而愛迪生也未曾在發明領域之外得到成功。從各方面比較起來，他認為李奧納多・達文西還是比他厲害。

當他看到李奧納多・達文西遺留下來的大量筆記，於是愛迪生發現了：「若是自己也照著這個方法做，應該也能成為天才」所以才進而模仿他的做法。

試想以下的順序：「李奧納多・達文西→愛迪生→你」——這代表了當你了解作筆記的重要性後，也能成就偉大的事蹟。

李奧納多・達文西的筆記特徵在於每一頁或是跨頁，都只聚焦在同一個主題上。

正因為如此，所以他常以圖解來展現內容。這讓看到筆記的人，在看到筆記的瞬間「一秒之內」就立刻了解他想要表達的內容。

作筆記的前提，就是要做好假設，把筆記寫成複習時一看就能清楚明白的內容。

「一頁一秒」就是筆記術的終極秘訣。

讓我們來學習怎麼寫出一頁只要花一秒鐘就能看懂的筆記吧！

李奧納多・達文西的筆記

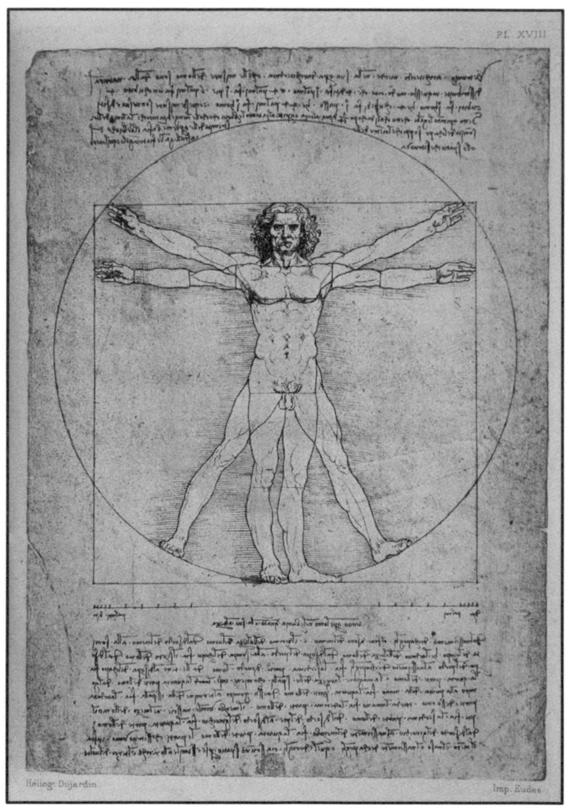

李奧納多・達文西的筆記是用圖像加上簡單易懂的文字所組合而成的。

若是用這種方法作筆記，就能以一頁一秒的速度來複習，這樣算起來，六十頁的筆記便能在「一分鐘」以內複習完。這就是我一直在提倡的**「一分鐘筆記術」**。

您想要將自己的筆記作成：一整頁只要花一秒就能看完嗎？

絕大部分人作筆記時，都不是以讓自己便於複習的前提而做的。通常是在不假思索的狀況下，隨手作筆記。因為沒思考過之後要怎麼使用，就直接寫筆記，導致事後複習變得困難，一旦複習變得困難，就會不想複習，之後再作筆記時，又是隨手作筆記……變成一種惡性循環。

為了可以用一秒鐘看完一頁，所以我們得要常常練習作筆記。

這就是筆記術的祕訣。

那麼，我們應該以什麼樣的思考角度、進而怎麼樣記筆記才好？接下來我會做詳細的說明。

愛迪生繼承了李奧納多・達文西的精神。
接下來，是換你對筆記術有所覺悟，成為天才的時候了。

你非常地幸運，生在比起李奧納多・達文西、愛迪生等人還要進步，被稱為現代的這個時代。

因為有這麼多的筆記留存下來，有這麼多的天才發明從中孕育而出，所以你現在終於可以理解我所談的這個道理了吧。

接下來，你只要跟著這些大師學到正確記筆記的方式，假以時日就可以成為天才。

直到今天，也許你的學業成績並不怎麼優秀，工作也不怎麼順利。

對這樣的你而言，在今天、這個瞬間，如果你學會了筆記術，也就是對天才這個身分跨出了第一步。

只要做出三千本以上一秒可以讀通一頁的筆記，你一定就會成功。

來吧！透過這本書，一起學習筆記術吧！

榮耀的光芒，正在你的面前不遠之處閃耀。

石井貴士

活用4種顏色，複習重點1頁只要1秒

筆記勝經

目錄

One-Minute Tips for Effective Notebook Techniques

你為什麼要作筆記？

One-Minute Tips for Effective Notebook Techniques

同時使用A4活頁本與A5筆記本

One-Minute Tips for Effective Notebook Techniques

聽講時的筆記技巧

One-Minute Tips for Effective Notebook Techniques

大幅提升成績的筆記技巧

One-Minute Tips for Effective Notebook Techniques

再也不會忘的筆記技巧

One-Minute Tips for Effective Notebook Techniques

活化右腦的筆記技巧

One-Minute Tips for Effective Notebook Techniques

訂定行程表的技巧

One-Minute Tips for Effective Notebook Techniques

四色文具活用術

One-Minute Tips for Effective Notebook Techniques

複習一頁只要一秒的筆記技巧

One-Minute Tips for Effective Notebook Techniques

能讓人快樂學習的筆記技巧

chapter 1

你為什麼要作筆記？

One-Minute Tips for Effective Notebook Techniques

One-Minute Tips for Effective Notebook Techniques

01 改變作筆記的方法，把分數從30分拉高到70分

最厲害的筆記是「就算今天喪失了記憶，只要讀過筆記，也能馬上回想起來。」這才是成功的筆記。

總而言之，這份筆記不是為了別人，是為了自己而做。

過去我在辭去正職之後，曾經寫出一本「就算喪失記憶，只要看了這一本書，就能變成億萬富翁」的筆記。

是的，說得極端一點，**作筆記時，你就要抱持著「就算喪失記憶，也能馬上看得懂」的心態來寫。**

我在考大學的時候，也曾經作出一份「就算喪失記憶，只要從頭到尾看過一次，也能有偏差值[1]將近70分的世界史筆記」。我考試前不再看其它資料，就只看那份筆記，從古代史到近代史，光歷史這一科，就拿到了逼近滿分的高分。

絕大部分的人作筆記的方式都是用「備忘錄」的模式在記錄。就算不是用備忘錄模式，也只是抱持著「因為老師說很重要啊，所以就寫下來吧！」的隨意心態來寫筆記。

這種思考模式實在是太沒幹勁了。

讓我們逆向思考一下，要是有一天，你喪失記憶了，看了你的筆記也能馬上回想起讀過的內容嗎？

1 所謂的「偏差值」是日本計算排列學生成績的統計法，又稱「標準分數」。因為日本大學多為獨立招生，此一得分並非來自於考試的實際分數，而是參考了學生在母體（全部的學生）中平均值和標準差所做出的落點分數，供學生了解自己在群體中的排名，也成為日本大專院校錄取學生的標準之一。

先想清楚再開始作筆記，你就可以作出非常棒的筆記！

寫出能以「一頁一秒」速度複習的筆記。

不論筆記做得多詳盡，只要增加複習上的負擔，就不是好筆記。**所以我們必須先思考複習時可能會遇到的狀況，再開始作筆記。**

我們的最終目標是寫出能夠以一頁一秒的速度來複習的筆記。不要用黏在一起的細小字體作筆記，而是把字寫得大大的，文字距離較容易閱讀。

很多人可能會認為「那樣太浪費筆記本了呀！」，所以在作筆記的時候，就像在雕花一樣，一個字緊靠著另一個字，直到填滿整本筆記。

作筆記時使用大一點的字，寬鬆排列

使用小字緊密排列的筆記

○○○○○○○○○○○○○○○○○○○○○○
○○○○○○○○○○○○○○○○○○○○○○
○○○○○○○○○○○○○○○○○○○○○○
○○○○○○○○○○○○○○○○○○○○○○
○○○○○○○○○○○○○○○○○○○○○○
○○○○○○○○○○○○○○○○○○○○○○
○○○○○○○○○○○○○○○○○○○○○○
○○○○○○○○○○○○○○○○○○○○○○

使用大字寬鬆排列的筆記

○○○○○○○○○
○○○○○○○○○
○○○○○○○○○

這就是能一頁一秒複習的筆記。

但這個想法是錯的，包括「這樣很浪費筆記本呀！文字應該要寫滿整本筆記本！」的這個想法，全部都是錯的。

一般人寫一頁的量，你應該放寬寫到將近四頁，這才是剛剛好的程度。

因為不這麼做的話，就絕對達不到一秒複習完一頁的目標。

02

One-Minute Tips for Effective Notebook Techniques

使用「七公厘」寬度的筆記本吧！

chapter 1

作筆記的時候，行距不要太緊密，儘量挑選行距寬大一點的筆記本，而我建議最佳的行線寬度為七公厘。

另外，在書寫的時候，每行之間要多空一行。這是因為，如此一來在筆記寫錯的時候也比較容易訂正。

同一個段落，每寫完一行要換行時，最好先空一行再繼續書寫。若不是接續前面的內容，則空出兩行做為段與段之間的分隔，再開始寫下

一個段落。

不這樣的寫的話，就不能把筆記寫得寬鬆。

對於不習慣這麼做的人而言，也許會有「這樣寫好浪費紙呀！」的感覺。

但這絕對不是浪費。

這是為了之後能讓自己可以用一秒鐘就複習完一頁，在現在、這個時點、必須下定決心來做的事。

小學的時候，我隔壁坐了一位叫貝塚的男生，我曾經在上課時，突然被他這樣向老師指摘過：「老師！石井同學他用奇怪的方式作筆記，這樣實在太浪費紙張了！請老師罵他！」

貝塚同學記筆記的時候，是標準的喜歡把字寫得小小的，並且緊密排列的人。所以相對他來說，我的筆記不但字體過大，行與行之間的距離又過於

筆記要空行書寫

小字緊密排列的寫法

西元622年，穆罕默德因為遭到迫害，從麥加逃離，逃到北方300公里遠，漢志王國中部的麥地那定居。關於穆罕默德自麥加逃離的這個事件，後來被稱為「聖遷」。

空一行，寬鬆排列筆記法

西元622年，穆罕默德因為遭到迫害，

從麥加逃離，

逃到北方300公里遠，漢志王國中部的麥地那

建議挑選每行間距7公厘的筆記本

寬鬆。

後來，老師只淡淡地說：「每個人作筆記的方式都不同呀！」來結束這場風波。

沒想到意見居然沒被採納，下課後貝塚同學仍是一副不能接受的表情。

但是從小學開始，我就對寬鬆排列的筆記法確信不疑。

因為，作筆記是為了有效率地在短時間完成複習。回想起來，即使當時被老師糾正，我想我還是依然會堅持自己的做法。

作筆記時使用寬鬆的寫法，是有其價值所在的。

One-Minute Tips for Effective Notebook Techniques

03 只記在「右頁」

chapter 1

試試看只用筆記本的右頁來作筆記吧！

一定會有人覺得：「蛤？這也未免太浪費了吧！你是腦袋出了什麼問題，竟然要把左邊完全空下來！」

「石井先生你應該是出生在富裕的家庭吧？這種方法對窮困的我們來說根本不適合啊！」可能還有人會這樣想，而狂噓我吧。

但是當你成績一直在低谷徘徊，還在想著學習的時候不能「浪費」，簡直就是本末倒置。想讓成績變好的人，應該要想的是：「不管花多少錢都沒關係，總之我要在最短時間內提升成績！」

請記得「筆記本就是要奢侈地使用」。

為了讓複習變得容易，正確的筆記應該儘量讓空白的地方多一點。

只使用活頁本的「右頁」，左半邊什麼都不要寫

不但只寫活頁本的右側，而且寫的時候還要儘量留下大量的空白。

為什麼要在左邊頁面留空呢？這是為了將來可以把右邊需要的部分剪下來，貼到另外一本筆記上。

筆記只寫在活頁簿的右頁

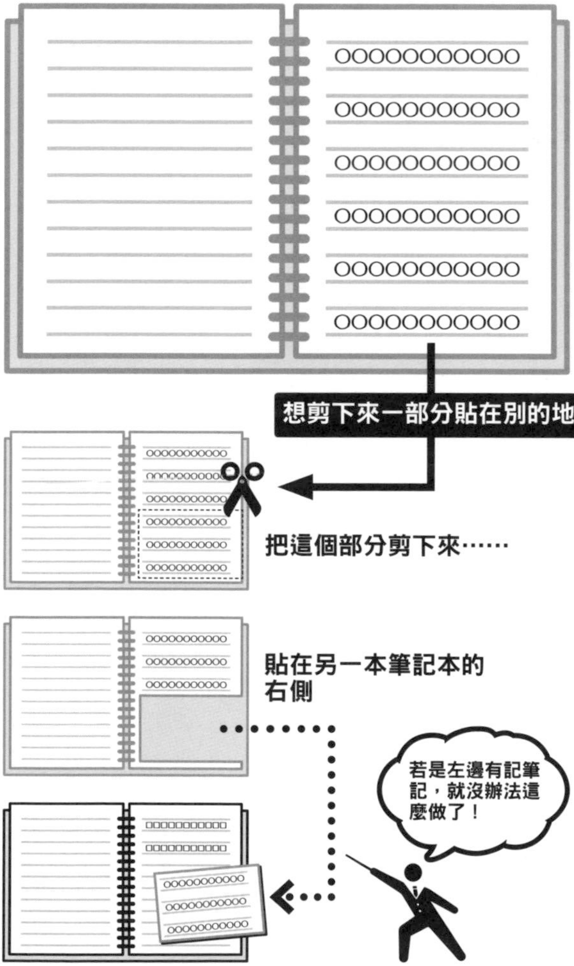

比如當我們在同一個頁面上，同時要記下德川家康與織田信長的事蹟時：

如此一來，無論是想彙整德川家康事蹟的筆記或是想彙整織田信長的事蹟，只要剪下那一部分的頁面，貼到滙整的筆記本裡就可以了。如果我們在左邊頁面也寫上別的筆記，當你想剪貼部分頁面時，就一定先得一頁一頁影印起來，再加以剪貼，不然就無法隨心所欲地編寫了。

只要記得有一天我們可能會需要以重新剪貼來整合資料，就能理解筆記活頁本只使用右頁的意義。

為了便於將來剪貼之用，與其使用普通的筆記本，活頁本使用起來更加得心應手。

雖然我在唸書的時候，用的都是普通的筆記本，不是活頁本，但因為當時就有考慮未來可能會剪貼這些內容，所以當時就留下了左半部不加以使用，才能把那些重要的筆記內容剪貼到我現在使用的活頁本裡。

我推薦使用行線間距7公厘、30孔的A4活頁本。

使用左翻30孔的活頁筆記本，並且作行距寬鬆的筆記。

若不空行而是每一行填滿滿的話，要剪貼部分內容時，就會難以下手。若是養成每行之間最少空一行的習慣，之後就能輕鬆剪貼內容。

下筆前若是可以多思考未來會如何使用這本筆記，就能做出更適合自己的筆記。

04 不要在講義上作備註，要在「筆記」上做。

應該有不少人上課時、開會時，手上一拿到參考資料，就想直接把筆記記在這些講義上面。

當然，如果這是你之後會再翻過幾百次的教科書、參考書，的確是應該持續補上註解沒錯。

但是從現在開始，讓我們試著不要在老師影印發給大家的講義上抄筆記。

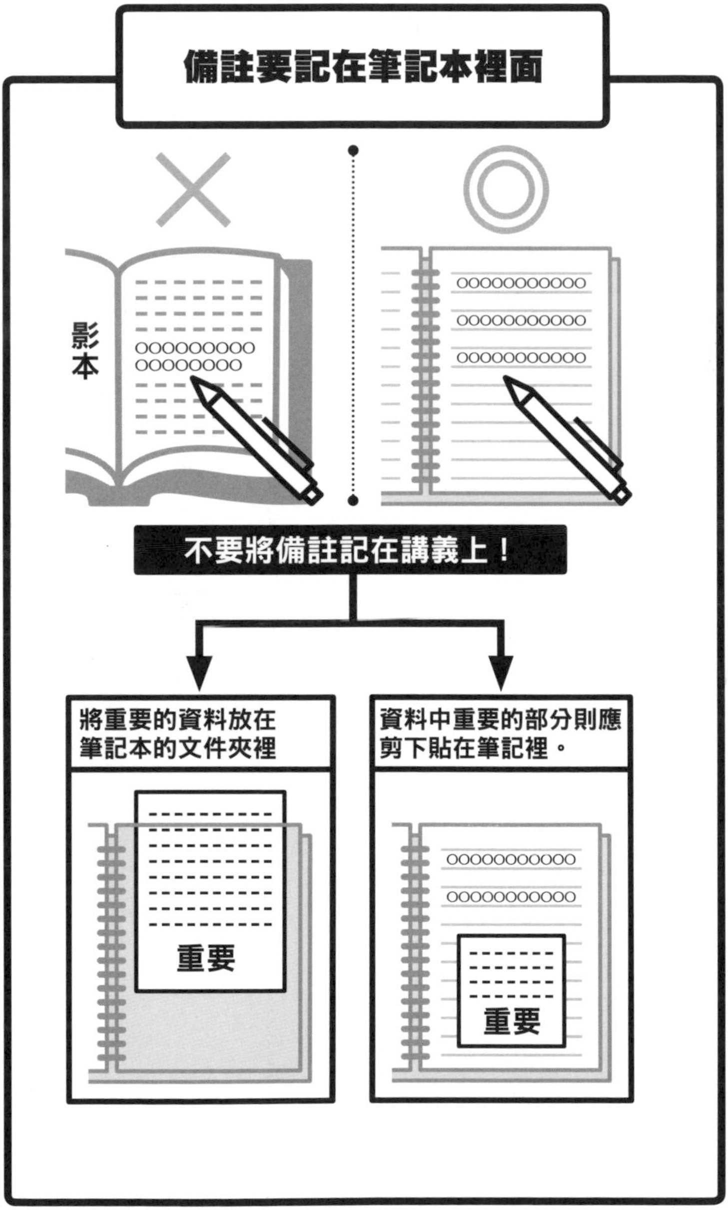

備註要記在筆記本裡面

×

影本

◎

不要將備註記在講義上！

將重要的資料放在筆記本的文件夾裡

重要

資料中重要的部分則應剪下貼在筆記裡。

重要

也不要把備註記在開會的資料上面！

需要備註的內容要寫在筆記裡，而不是寫在影印的講義上。

請徹底執行這個部分。

若是有重要的資料在這影本上，請將那個部分剪下，貼進筆記。

不管怎麼說，影印的講義是次要的，筆記本才是主要的。

影本有一天可能會丟掉，但筆記本是不會丟的。

若是想要保留影印的文件資料下來，就放進A4活頁本的透明資料袋之中。

切記，A4活頁本才是你最主要的筆記工具。

無論是從雜誌裡剪下來的報導或是重要的資料，都可以把它貼進這本筆記

之中，這樣才叫去蕪存菁，妥善保存自己想要的資料。

若是整頁資料都很重要，那麼就使用活頁透明資料袋吧！它是你最方便的保存工具。

絕對不能用電腦和智慧型手機來取代筆記本

唸書時，一定要用手寫的方式作筆記，這一點是絕對不可以改變的。因為透過書寫的過程，腦袋才會自然而然地重整筆記的內容。

有人在上課時，習慣將老師講課的內容直接打進筆記型電腦中。這種做法其實對老師是很沒有禮貌的，而且不但沒禮貌，打字的聲音也會影響其他同學上課的情緒。

只靠電腦繕打的文章，老師無法從得知這個學生對於今天這個課程的理解程度。

但如果老師能看到學生整理重點的手寫筆記，就能判斷這個學生有沒有抓到課程重點。

更糟糕的是，有的學生還不是用電腦，而是把老師講的重點記在智慧型手機上。

這會讓老師不禁懷疑：「你上課使用手機作筆記？其實根木是在偷玩遊戲吧？」

作筆記之前，其實你應該先考慮「用什麼方式作筆記，才會是老師心目中的好學生」。

如果你是老師，怎麼可能喜歡在課堂上眼睛一直盯著電腦！或者拼命按手機的學生？

對於肯老老實實手寫筆記的學生，老師也會覺得：「這孩子有聽懂我說的話呀！」因而感到非常欣慰。

chapter 2

同時使用A4活頁本與A5筆記本

One-Minute Tips for Effective Notebook Techniques

01

在「A4活頁本」中畫上左線與右線

One-Minute Tips for Effective Notebook Techniques

若說起現代版的李奧納多・達文西，我想就是中谷彰宏[1]老師了。

不管是在工作上、感情上等等，他都可以說是全方位的精通。

即便是已經出版了九百七十本以上的書，但仍然不及他懂得的知識的百分之一。

我曾經有個機會拜見了中谷先生的筆記本，他不僅只使用活頁本的右側，在頁面上，左右距離約三點五公分處還各畫了兩條線。

在那一瞬間，我得到了啟發：「啊！原來還可以這樣做呀！」

從那時開始，我就會在筆記的左右兩側距離三點五公分的位置畫線以後再做使用。

右邊寫行動方案、左邊作分類

那麼，該怎麼使用呢？中間的部分當然就是用作普通的筆記了。

右邊的部分呢，聽了老師的課之後，如果有「就這麼做吧！」這類想法時，就把具體的行動方案寫在這裡。比如「買那本〇〇的書」或是「去買個會發光的袖扣」等等，要提醒自己

1 中古彰宏：考取早稻田大學第一文學部後，立下一個月看一百部電影的目標，大學四年期間總共看了四千部電影，23歲出道成為作家，之後也曾擔任過電視、廣播CM的旁白等等，著作範圍非常廣泛，並且受到很高的評價。

的具體行動就寫在右邊。

左側的部分則是用來將筆記內容分類。

根據老師話題的變換，寫出不同的分類，例如電影話題、業績話題、戀愛話題等等……

這樣做的話，未來在剪貼筆記時就會變得很方便。

在活頁本距離兩側各三點五公分的地方畫線。

右側寫行動方案

左側寫分類主題

正中間就用作一般的筆記。

這就是到目前為止我認為最強的筆記格式。

我現在的最強筆記

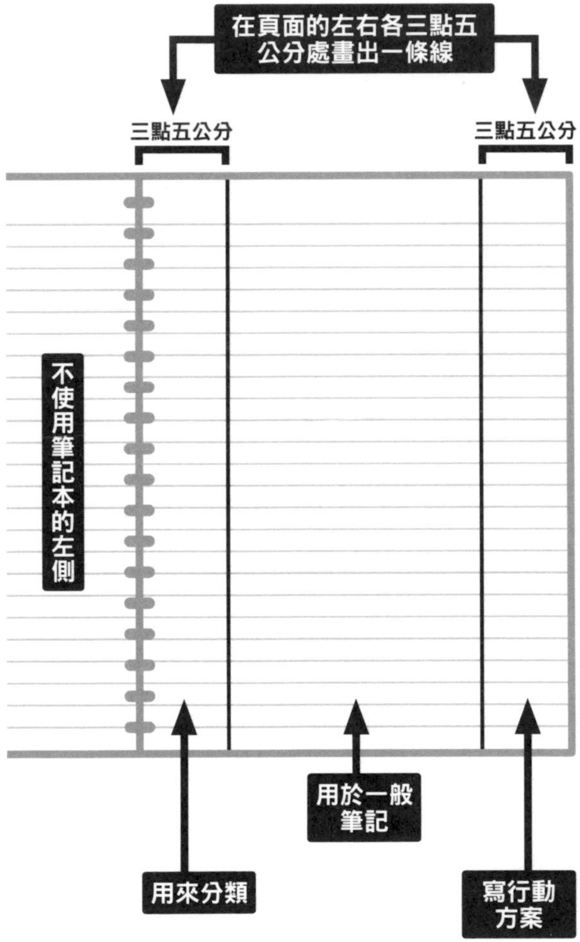

在頁面的左右各三點五公分處畫出一條線

三點五公分

三點五公分

不使用筆記本的左側

用於一般筆記

用來分類

寫行動方案

就像愛迪生從李奧納多・達文西那邊學到如何善用筆記一樣，我也從中谷彰宏先生那邊得到了啟發，學到了筆記的正確使用法。

One-Minute Tips for Effective Notebook Techniques

02 拿「A5的薄型筆記本」當作隨身筆記本

有人問過我：「難道你都隨身攜帶A4活頁本嗎？」

當然，我並不會隨身攜帶這麼大一本的活頁筆記本。

我出門有專用的隨身筆記本。

至於隨身筆記本該如何選擇，我的建議是：

①A5尺寸

②線圈式筆記本

③每行的寬度為七公厘

④五十頁左右的薄型尺寸

若能符合以上四項條件，就是最棒的隨身筆記本了。

讓「隨身筆記本」成為能便於剪貼的筆記本

第①點，是因為如果將A4筆記如前所述分成三部分，中間部分的寬度就會差不多符合A5的尺寸。

而我們的隨身筆記當然也只能使用右頁。

為了將來能夠加以剪貼，背面也必須保持空白。

至於為何要選用A5尺寸？這是因為A4活頁紙被分成三等分後，A5活頁紙的尺寸只略微超過中間部分的寬度，因此便於將A5筆記的內容剪貼上去。

第②點，使用線圈式筆記本：線圈筆記本可以一頁一頁撕下來，若是一般的筆記本，剪完剩下不要的部分就比較難處理。

③行線寬度為七公厘，當然也是因為預先想好未來可能會剪下來貼在A4活頁本上，為了讓兩邊行距寬度相等而設計的。

④使用內頁50頁左右的薄型筆記，是因為可以輕鬆地隨身攜帶，不至於因為頁數太多而顯得太過笨重。

而且只要將需要的資料剪下貼到A4活頁本上，不需要的資料直接丟掉，隨身攜帶的筆記本就會越來越輕了。

順帶一提，國譽文具[2]出的「東大點線型線圈筆記本（ス-T135ATN）」

2 國譽文具：全日本最大的文具及辦公家具製造商，最有名的商品就是「東大Campus筆記本」系列，台灣亦有代理。

就是我非常喜歡的筆記本類型。

至於A4的活頁本，理想中的當然是左右兩側三點五公分處本來就畫好線的是最好的。

但很可惜的是這本書出版的時候，這種筆記本還不存在，所以我跟各位讀者只能自己畫了。

希望有一天會有這樣的筆記本出現。

當你思考該使用哪種筆記本時，先作逆向思考未來會如何複習、擬出戰略，才能作出好筆記。

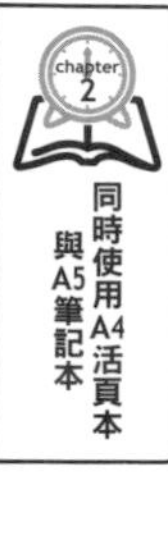

03 不要用手帳，幫你的筆記本「穿書衣」

One-Minute Tips for Effective Notebook Techniques

chapter 2

不要再用手帳來代替筆記本了。

這是因為，去年的手帳到今年就不能用了。

而且若是預想到會有剪貼重要資料的需要，應該就會無法理解「在手帳裡作筆記」這樣的行為。

即使三年前作的筆記，應該也會有很重要的資料需要保留才對，若是使用年度手帳，隨著新的一年來到就得換新，舊的也就無法再繼續帶著了。

若是真的想要使用手帳隨身記事，就把筆記本和手帳用途分開，把手帳放在家裡就好。

平常出門只攜帶A5筆記本，必要時將資料剪貼在手帳裡，至於日常行事曆，則可影印一份，放在A5筆記本的夾套裡。

如此一來，只需要隨身攜帶一本A5尺寸筆記本。但若是上課或是聽講，再連同A4活頁本一起帶著。照這種方式執行，就能將隨身攜帶的東西減到最少。

不要使用厚重的活頁手帳，改用「書衣套」

我常常看到很多人愛用可以夾入很多頁資料、厚重的活頁手帳。

但是當活頁手帳變得又澎又厚的時候，就是手帳主人整理方式不佳的最好

使用筆記本的書衣套，東西整理起來就很簡單

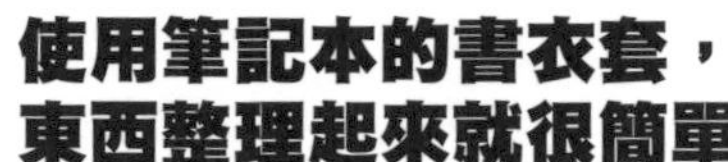

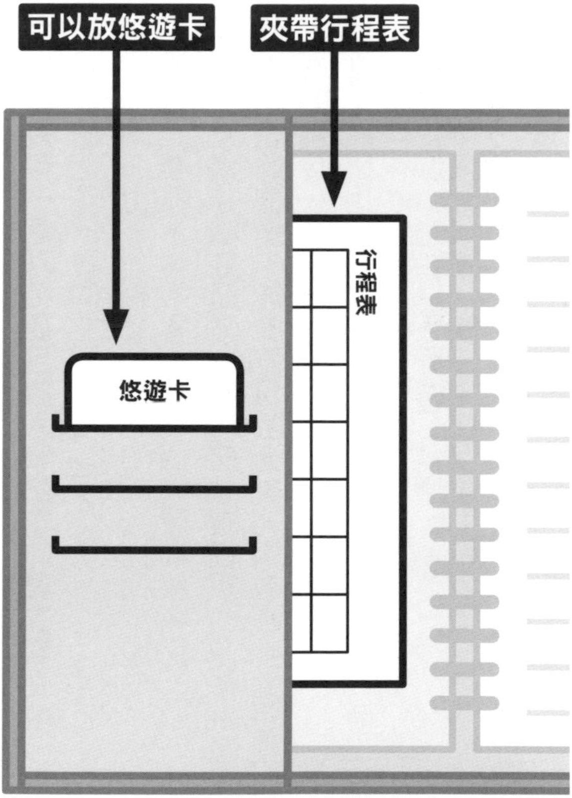
可以放悠遊卡
夾帶行程表
行程表
悠遊卡

善用筆記本的書衣套，既容易整理，也方便攜帶

證明。

只要**行程表只印一個月，並且放入筆記本的書衣套之中**，這樣的話最多也只需要用到筆記本一頁的空間就可以了。

筆記本的書衣套裡，常常會設計一個夾層來放名片。我們可以將悠遊卡放在這個位置，坐捷運時就可以順利感應，通過閘門。平日我自己是將悠遊卡放在兩個地方：一張放在鑰匙包裡，另一張就是放進書衣套的名片夾層中。

雖然平常主要使用的是鑰匙包裡的悠遊卡，但如果一時之間找不到，就可以使用筆記本中的備用卡片。

所以筆記本的書衣套還可以有兩種功能：

①夾入行程表

②放入悠遊卡

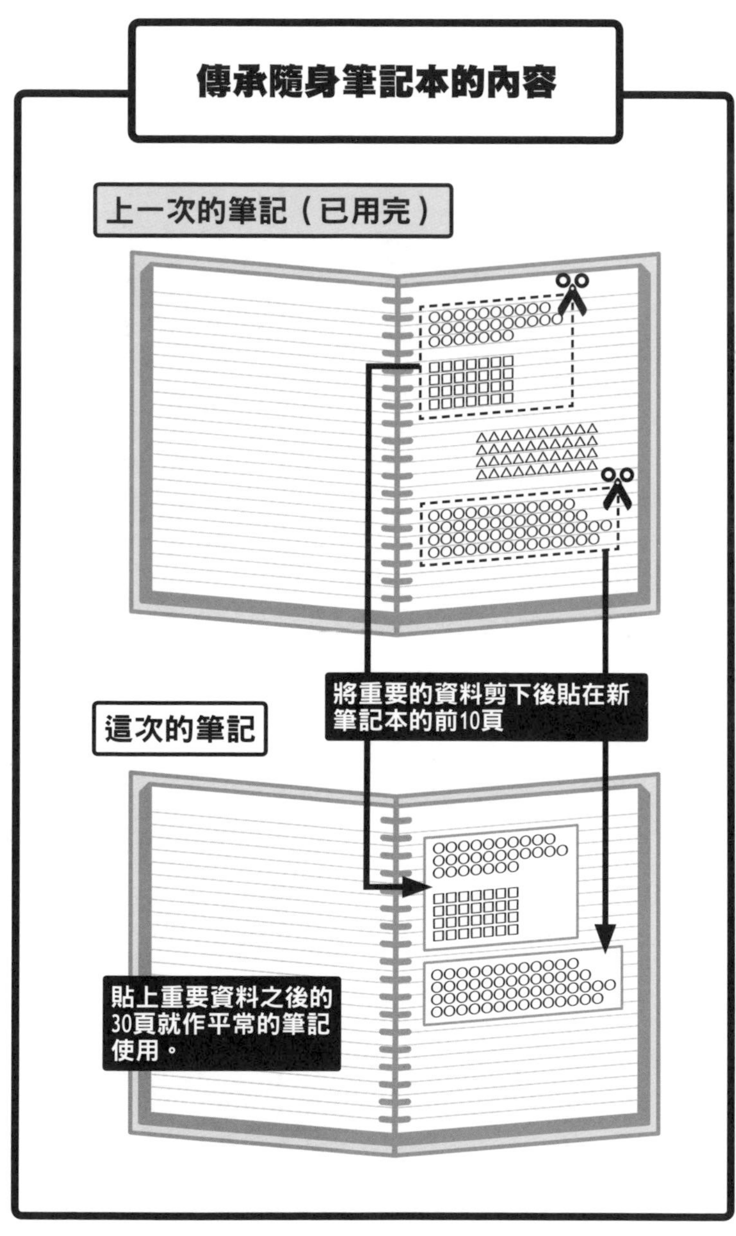
傳承隨身筆記本的內容
上一次的筆記（已用完）
這次的筆記
將重要的資料剪下後貼在新筆記本的前10頁
貼上重要資料之後的30頁就作平常的筆記使用。

04 將「隨身筆記本」分成「三等分」使用

One-Minute Tips for Effective Notebook Techniques

首先，將隨身筆記本分成三等分。

最前面的10頁左右是用來將筆記、與這個月活動相關且重要的內容，從舊的筆記本剪貼到新筆記本上的。過去隨身筆記本的內容除了匯整到A4筆記上，另外也可將與本月相關的內容，剪貼到新的A5隨身筆記中。

即使已經寫在前一本筆記上，但若是尚未完成的事項、或仍在進行中的計

劃，都要持續記錄下去。

這樣隨身筆記使用起來才會有延續性。

記得資料依然只剪貼至筆記的右頁。

這是為了之後可能會再剪貼至另一本筆記本所做的準備。完成筆記的剪貼之後，剩下的頁數就可以用平常的方式作筆記。

當然了，所謂平常的筆記也是只能寫在右頁。

這樣子持續做下來，這本隨身筆記將會變成你的最強筆記。

雖然一本筆記本有「50頁」，但我們實際上只使用「30頁」

最後的10頁就當做「隨手記錄的空間」，記錄一些對當下來說很重要，但之後可以直接丟掉的內容。

例如「本月要達成的十件事」、「在人生中想要實現的十件事」類似這種目標設定或是夢想的文字。亦或是「田中先生的手機號碼：0900-000-000」等類似這種臨時的備忘錄，也可以記在最後10頁中。

最後這10頁，使用過就可以丟掉。

這樣一來，筆記就會越用越薄。

雖然前面秉持只使用筆記右頁的原則，但最後的10頁是例外，可以兩面都用來書寫。

因為這10頁是預計將來會丟掉的部分，不會剪貼至其他筆記中，所以兩面都可以使用。

50頁的筆記本裡只有最後10頁可以隨手使用所以任意丟棄無妨，反過來說也就是，這10頁的用途已經事先就決定好了。

最前面的10頁是承繼之前筆記用的，最後面的10頁則是隨時可以丟棄的部

隨身筆記本最後10頁是隨記隨丟的

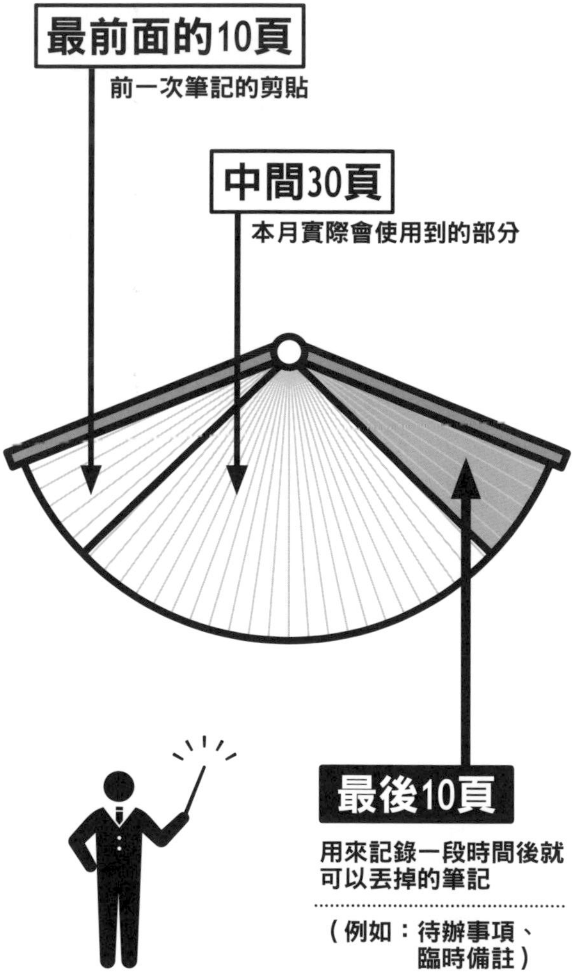

最前面的10頁

前一次筆記的剪貼

中間30頁

本月實際會使用到的部分

最後10頁

用來記錄一段時間後就可以丟掉的筆記

（例如：待辦事項、臨時備註）

分，所以雖然筆記本一本50頁，實際上只有30頁可以用來作筆記。

而且，只能使用右頁。

雖然這種筆記方法非常奢侈，卻能把筆記本的作用發揮得淋漓盡致。

chapter 3

聽講時的筆記技巧

One-Minute Tips for Effective Notebook Techniques

One-Minute Tips for Effective Notebook Techniques

01 秒速決定在筆記本上要寫下的內容

在課堂上錄音其實是一件很浪費時間的事情。因為你之後還要再多花一倍的時間再重聽一次同樣的內容。

請切記，即使你是把錄音檔快轉兩倍來聽，但這個動作浪費掉的時光已是人生的一大損失。

為了不用再聽一次錄音，所以我們才要把筆記作好。

會想錄音，一定是因為你有「一定要把老師說的話一字一句正確地記下來才行！」的既定印象。

但這樣想是不對的！我們要作的筆記，是複習專用的重點式筆記！

就算講者談到的內容我們一時之間無法理解也無所謂，只要認為這些重點未來複習時會用到它，就趕快把它寫下來吧！

也就是說，作筆記的原則是：只記錄下次複習的時候需要看的內容。

也就是一邊在腦中判斷取捨，一邊寫下筆記。

就算是開商務會議時，也不要使用錄音筆。

如果有了錄音筆，就會讓某些人覺得可能留下證據，而隨著多數人一起陷入沉默，不願發言加入討論。

而且，為了不要讓自己有「我有錄音筆感覺會比較安心」這樣的想法，建議你乾脆就直接把錄音筆留在家裡吧！

板書是次要的，比起抄筆記更重要的是「集中精神聽講」

很多人想著要把筆記作到盡善盡美，但是這樣一來便無法專心地吸收老師上課的重點。

在學校裡，老師要擦掉黑板上的字時，一定會有大叫「請等一下！我還沒全部抄完！」的這種人。

像這樣的人，通常筆記裡的字都很工整，但複習時，絕對不會再看自己作過的筆記，因此成績也一直無法提升。

成績好的學士，在老師擦掉黑板上的字時絕對不會喊出「等我一下！」這種話。

他們總是一邊看著黑板，一邊判斷哪些是重點、哪些不是重點，在當下決斷完之後，就在筆記中寫下真正的重點。

筆記就是只寫下複習時需要記住的重點

作筆記的意義就是，除了想要複習的重點以外，其他都是不重要的渣！

若是老師在黑板上寫的都是重點，那麼這位老師應該直接將這些內容印給學生，來確保學生絕對不會記錯或記漏。

老師之所以要寫板書，只是為了讓學生更容易理解課程的內容。

課堂上最重要的還是老師講的內容，而板書只是第二順位。

如果你無論如何都想要把黑板上所有的內容都記下來，那麼下課後再將同學作的筆記借來影印就好了。

比起要求自己一字不漏地寫在筆記中，老師講課的內容才是上課的重點。

比起拼命抄筆記，能集中注意力聽老師說話的人，才是得到最多的。

One-Minute Tips for Effective Notebook Techniques

02 將老師「真正想說的」寫進筆記

有一種人聽課時，完全不看老師，整堂課都非常認真地盯著黑板抄筆記。

從現在起，抬頭看看老師吧，不要再管黑板上寫了什麼了。

不只是看老師的表情，還要盯著老師的眼睛，豎起耳朵，專心去聽老師說了什麼！

不過，只會聽講的，也只是二流的學生。

一邊聽老師講課，一邊思考老師「真正想說的」是什麼，這種才是一流的

聽講時的筆記技巧

學生。

「雖然老師在黑板那樣寫，但老師『真正的意思』是什麼？」要抱持著這樣懷疑的態度聽課。

有一些生性愛開玩笑的老師，雖然一開始說「答案是A喔！」但可能下一瞬間又改口說：「其實真正的答案是B。」

乖乖牌學生在第一時間聽到「答案是A」，就不假思索地接受了「啊！原來是這樣啊！」

等老師說：「這就是陷阱題了！其實是B啦！」時，就只會想：「老師真過份！」

優秀的學生會在老師說「答案是A」時，隨即判斷：「才不是，答案應該是B才對。老師會故意說A是為了讓大家多家思考吧！等一下就會宣布正確答案了！」

緊盯著黑板，就無法集中精神聽老師講課。只要**一邊思考老師真正想傳達**

仔細觀察老師的表情就能知道老師真正的想法
乖乖牌學生
老師
哦～原來是這樣……
答案是A
優秀的學生
老師
不對，答案應該是B！
答案是A
分辨「老師真正的意思是什麼」才是最重要的。

的意思，一邊認真聽老師說話，這樣的學生，成績就不會差。

如果你能夠事先預測到老師的梗，那麼推測出大考的走向就一點都不難

在代代木的補習班裡，教世界史的祝田秀全老師的課堂中，我總是坐在第一排聽課。

而這位祝田老師超喜歡計雙關語的笑語。

有一次在上課前，我在講台上放了一根香蕉，旁邊再擺了一封寫著「預言信」的信封。

祝田老師一進教室，看到香蕉就馬上大聲說：

「教室裡面竟然有香蕉，你們是想被烤『焦』嗎？」

「咦？竟然旁邊還有一封預言信！
來打開來看看是什麼喔～
『預言信。看到這根香蕉的老師會說：想被烤焦嗎？』」

不光是祝田老師，連教室裡面將近二百位的學生，全都哄堂大笑。

不只是預測祝田老師可能會在黑板上寫什麼內容，我連他會講什麼雙關語都猜到了。

當你連老師的行為模式都能預測到之時，要猜到明年大考的題目，應該也易如反掌了。

03 分辨板書內容是否會考出來

One-Minute Tips for Effective Notebook Techniques

老師寫在黑板上的內容，不要一字不漏地抄進筆記本。

思考黑板上寫的內容「是不是會出現在大考裡」，接著再將自己認為比較可能會考的內容記錄下來。

出社會之後，筆記也是只需要把對自己工作有幫助的部分寫下來就好。

不同的老師，板書的形式也會不太一樣。

有些老師會把上課的內容全部寫在黑板上，但也有一些只在黑板上寫重點的老師。

例如教世界史的祝田秀全老師，是屬於「考試會出的地方才會寫板書」的那一類，所以當時他寫在黑板上的重點，我一個字也不敢漏掉。很少有老師會讓我這麼努力地把板書內容全抄下來，但現在回想祝田老師寫的板書，還是覺得非常精彩。

他貫徹了「考試會出的重點才寫上黑板，考試不會出現的，完全不會出現在黑板上」這個原則。而且一面板書只有一個主題，份量剛好可以整合成一頁A4紙，也非常符合我作筆記的原則。

身為一個學生，即使漫無目的地將老師說過的話全抄下來，考試也未必會及格。

作筆記的目的在於，只要讓你考前再翻一次筆記，就有把握拿到滿分。

將老師提到的笑話梗備註起來，就成了「印象記憶法」

作筆記可不是學習唯一的重點。

將你印象深刻的關鍵字同時寫進筆記中，才能加深自己的印象。

在世界史裡提過所謂的「大航海時代」，也就是哥倫布發現新大陸的那個時代。

祝田老師上這堂課的時候，曾經講過這樣一個玩笑：

「大航海時代，那個時候如果可以這樣做就好了啊。為什麼沒有這麼做咧……乾脆改成大後悔時代[1]算了。」

聽到老師這句話的瞬間，我馬上將這個笑話梗寫進我的筆記裡。

之後只要讀到這一段，我腦海中就會立刻躍入「大航海時代啊……哥倫布應該會後悔『為什麼要去讀《東方見聞錄》』吧！」這樣的印象。

託祝田先生的笑話梗，類似「哥倫布讀了哪本書，才開啟了他出海探險的夢想？」「答：《東方見聞錄》」的問題，我立刻就能作答出來。

1 哥倫布雖然發現新大陸，但至死之前卻沒能如他預期地得到財富，1506年5月20日，哥倫布在西班牙北部的巴利亞多利德的一個普通旅館裡逝世

chapter 4

大幅提升成績的筆記技巧

One-Minute Tips for Effective Notebook Techniques

01

努力作筆記，讓老師教得起勁

One-Minute Tips for Effective Notebook Techniques

說到作筆記這件事，只從學生的角度來看是不夠的。

從老師的角度，如果看到學生努力地作筆記，就會恨不得把自己的知識傾囊相授。

老師也是平凡人，如果看到底下學生打瞌睡的打瞌睡、聊天的聊天，當然就會提不起勁，心想：「這些學生都不想學了，我教再多有意義嗎？」

像這樣惡性循環，就在學生不經意之間，老師就慢慢地放棄教學了。
要讓老師發揮出百分之一百二十的實力，就只能靠學生激發老師的熱情。

不要只是聽老師講課，讓老師發揮出最強的實力，是學生的責任。

據說寶塚歌劇團的常客，幾乎會一年來光顧兩百天以上，不但頻繁光臨，而且還會選擇坐在最前面。

雖然只要是同一場舞台劇，台詞一定是一模一樣。
但是不同的是，當天同一個演員的情緒變化。
能讓演員展現出完美的極致表演，就是那些常客的責任了。

把自己想像成寶塚歌劇團的常客，集中精神，努力地作筆記吧！
若是能讓老師發揮實力，努力教學，也會讓你的筆記內容更為出色。

沒有人「不作筆記，知識就很廣博」

有一種人可以自信滿滿地認為：「我不作筆記也無所謂，你講的內容我都不會忘。」

就算是愛迪生或是愛因斯坦，也會為了避免在腦袋中靈光乍現的點子不見，而隨時隨地作筆記。

像這種老覺得「不作筆記也沒問題」的人，不管是在課業還是工作上，都無法做出一番事業來的。

即使高中的成績拿到滿分，也無法以榜首之姿考上東大的。不信你去問那些益智問答比賽的冠軍，是不是遇到不清楚的問題，就要馬上作筆記。

很多時候，一般人的腦袋覺得理所當然、毫無疑問的，在天才眼中可不見得是如此。

請記住，無論如何一定要作筆記。

那麼，如果老師說的內容真的實在是太無趣了該怎麼辦呢？

這時候只要寫下你正在想的事情就好。

所謂的筆記，就是老師講課的內容，或者你認為課程的重點。

02

下定決心「一輩子都不重謄筆記」

有一種人記筆記的時候，會先潦草地記，之後再重謄一次。這就叫做「重複作業」。

「慢慢寫，把字寫漂亮」和「字跡潦草但寫得很快」這兩種情形，你要選哪一種？

答案當然是後者。

就唸書這件事來說，沒有任何事比速度更重要，速度是最優先的。

因為我們作筆記的時候將行距放寬了，所以就算寫得再潦草，只要內容不是雜亂無章，之後複習其實也不會覺得閱讀困難。

重謄筆記，真的是太浪費時間了。

如果您有這樣的習慣，請馬上改掉吧！

快速書寫才正確

上課中作筆記的時候，偶而會遇到突然想不起來怎麼寫的字，但是這時候一秒也不要遲疑。

先用注音記下來，等到複習時再將正確的字寫在旁邊。

若是因為一時之間想不起字怎麼寫而漏掉重點，考試時又出了相關的題目，豈不是太可惜了？

不要一直想著「我要做一份完美且正確的筆記」，任何一個重點都不能漏掉，才是最重要的準則。

也有一種人，擔心自己的筆記太過潦草，被別人看到會不好意思，因此寧可浪費大把時間去作工整的筆記。

但筆記這回事，只要自己看得懂就行了。

比如說，「織田信長」這幾個字寫起來實在太浪費時間。若是可以寫成「ㄓ田信長」，或者依自己的意思隨意取個小名，就可以提升下筆速度，甚至我們用拼音來寫也可以。

就算把「織田信長放火燒毀比叡山」這句話改成「ㄓ田信長、燒了山！」也是你的自由。

就算是別人看到了「ㄓ田信長、燒了山！」丈二金剛摸不著頭緒也無所謂，**只要你用最快速的方式作筆記，自己懂筆記的意思就可以了。**

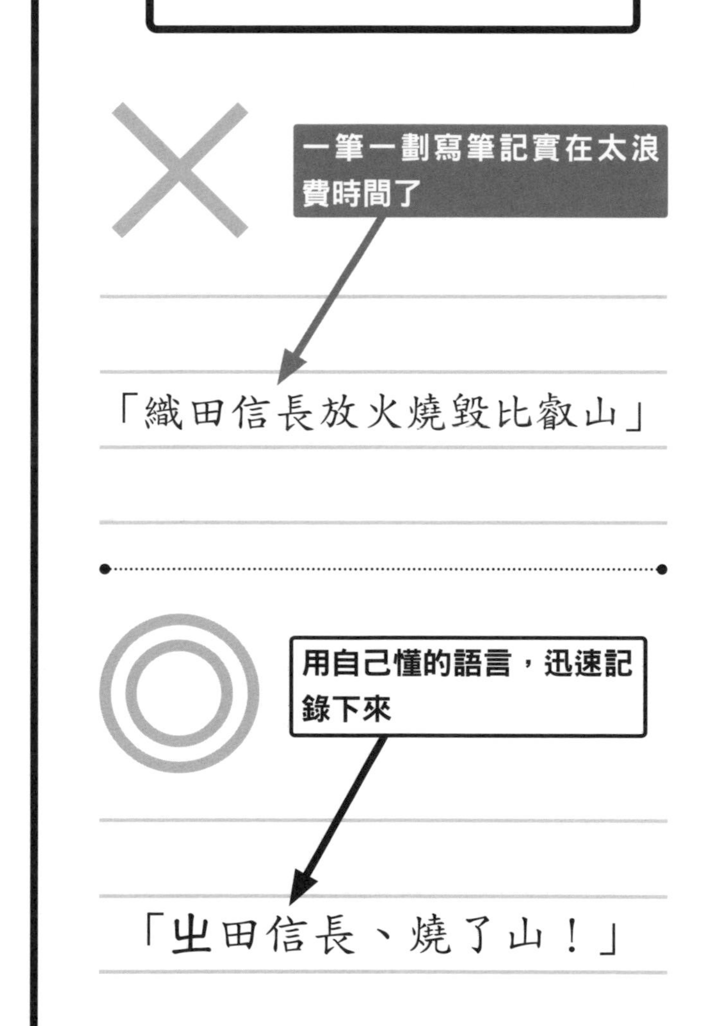
筆記只要自己看得懂就好
一筆一劃寫筆記實在太浪費時間了
「織田信長放火燒毀比叡山」
用自己懂的語言，迅速記錄下來
「ㄓ田信長、燒了山！」

又比如說，「豐臣秀吉」四個字寫完最快大概也要花上幾秒鐘。若我們用簡寫「Saru」[2]的話，只需花一秒。

作筆記的時候，我們要以秒作單位，即便只省下一秒鐘，能讓唸書更有效率，就對了。

2 「Saru」在日語中是猴子的意思，豐臣秀吉小時候因為長相與身材的關係，被戲稱為「猴子」。

03

One-Minute Tips for Effective Notebook Techniques

準備好隨時接受黑板上的字會消失

chapter 4

「馬上寫下來！好，擦掉！」

這是我國中時期學校老師的口頭禪。

「在我說『好，擦掉！』之前就要記住喔，如果覺得記不住，那麼就要在我擦掉前把這些全寫進你的筆記本裡，這樣的話會比較容易在腦海中留下印象。」

這位老師有這樣的理論。

那位老師，通常都是寫完黑板後，下一秒鐘就馬上擦掉了。

「老師！這樣太快了！」如果聽見這種抱怨聲，不用懷疑，一定是成績不好的學生說的。

對成績好的學生而言，這種速度只是普通而已。

如果覺得黑板上的字永遠都會留在那邊等你，那麼作筆記的速度就會越來越慢。

而寫字速度慢的原因，是由於思考速度慢的關係。

如果覺得「馬上寫下來！好，擦掉！」這樣的速度是正常的，你腦袋運轉的速度也會跟著越來越快。

所以說，隨著提升筆記的速度，也能加快思考的速度。

寫得慢，思考的速度就慢

成績不好的學生

成績好的學生

把板書會立刻消失當成理所當然，腦袋的轉速也越來越快。

遇到不懂的事，就用「？」標示出來

上課時，就算聽不懂，也要寫進筆記裡。

雖然當下不懂，但隨著不斷地重複複習，之後就會慢慢了解。在這個時候，不懂的地方旁邊先用問號標示即可。

如果筆記時只寫自己知道的東西，考試時只要老師從不了解的地方出題，就會完全無法回答。

「有點搞不清楚，之後再查一下。」像這種狀況，就用問號標示出來。

「完了，老師講的內容我完全聽不懂！」遇到這種如墜五里霧中的情況，就用「？？」標示出來。

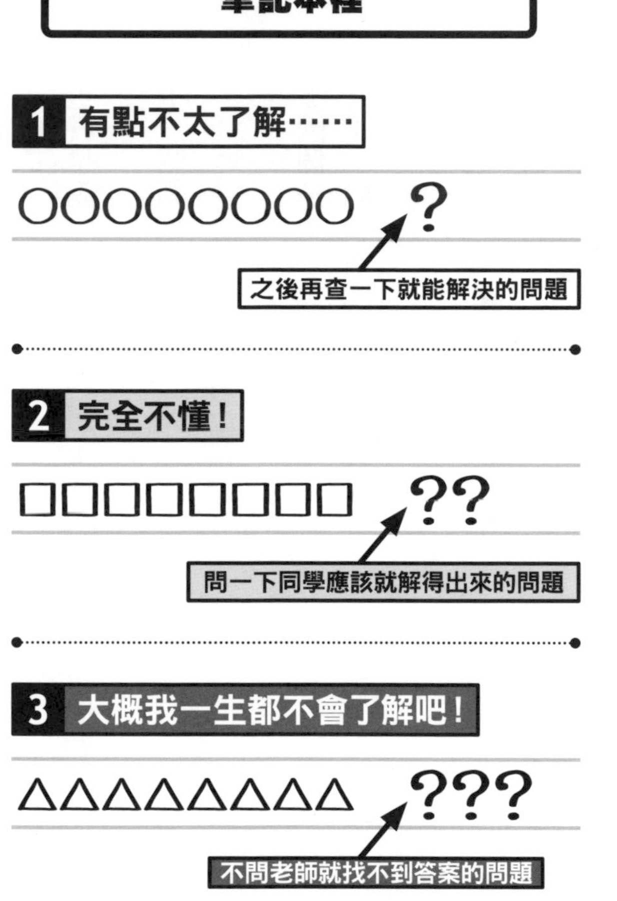
不懂的事，也要寫進
筆記本裡
1 有點不太了解……
〇〇〇〇〇〇〇〇 ?
之後再查一下就能解決的問題
2 完全不懂！
□□□□□□□□ ??
問一下同學應該就解得出來的問題
3 大概我一生都不會了解吧！
△△△△△△△△ ???
不問老師就找不到答案的問題
把「不知道」的程度分成三個階段

chapter
4

遇到「這個問題我應該一輩子都無法理解……」的地方，則用「？？？」標記起來。

也就是說，我們可以把讀不懂的程度分成三個階段。

①一個問號「？」

……之後再查一查就能解決

②兩個「？？」

……問一下同學應該就能懂

③三個「？？？」

……完全不懂，非問老師不可

對忙碌的老師來說，拿只有一個「？」程度的問題去問他，反而會造成老師的困擾。

真的是自己怎麼樣都無法解決的問題，再去請教老師吧！

chapter 5

再也不會忘的筆記技巧

One-Minute Tips for Effective Notebook Techniques

01 寫錯不塗改，打「X」之後將正確答案寫在旁邊

作題目的時候如果寫錯答案，千萬不要直接塗改。應該要在寫錯的地方畫X，然後在旁邊再寫上正確的答案。

人們看到寫錯的內容，常會本能地想要去把它抹消掉。其實若把寫錯筆記這件事也記錄下來，是對一種幫助記憶很有用的方法。

如果是可以不用考慮直接回答出正確答案的題目，基本上也不用再複習了，說到底，複習只是要確保考試的時候能回答出正確答案而已。

不要塗改錯誤答案，而是直接畫「X」。

①地球表面積中，約有百分之（　）為海洋。

選擇A：9　　B：7

答案：B ← 正確答案⇐不用再複習了

②地球上最大的大陸為（　）。

選擇A：南北美洲　　B：歐亞大陸

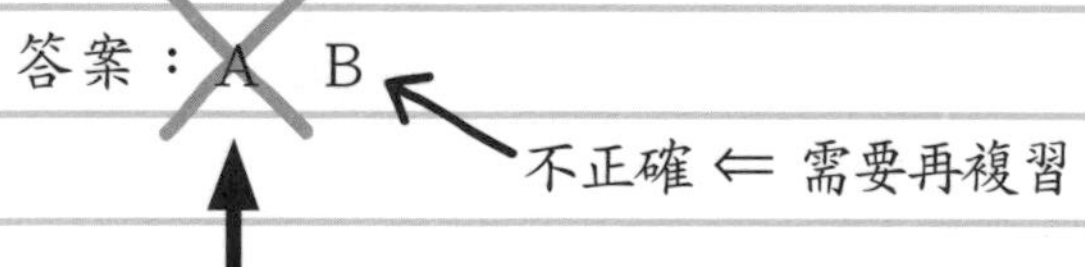

在不正確的答案上打「X」，旁邊再寫上正確的答案。

大家都很清楚，相較而下重要的是「正確答案應該是A，但卻答成B」這個部分的題型，這才是我們需要在考前複習的對吧。

今天你會「答錯」，絕對不是故意去犯錯。

這些不小心答錯的問題，很可能是因為自己已經有了先入為主的錯誤觀念，所以，這正好是個幫助加強記憶的好機會！

比如說，筆記的時候把汶萊的首都「斯里巴卡旺市」寫成「斯里巴旺卡市」，寫完的那個當下你一定看不出哪裡有錯。「明明字都對呀……怎麼怪怪的？」哎呀，原來是把卡旺錯寫成旺卡了。

但是多虧了當時把字寫反了，我離考生的身分至今已經過二十個年頭了，到現在還是清楚記得汶萊的首都是叫什麼名字。

已經不需要複習的部分，就打上一個大X

這個意思是，複習時再花時間看已經記得的東西實在太浪費時間了，所以要把已經記得的部分畫上一個大X來標記。

這會讓複習的時間能再縮短0.1秒。

打X是為了讓我們在複習的時候，可以一眼就辨別出「這個部分不用看也沒關係」。

複習完後若是覺得「這題如果考出來，我也有把握百分之百答對。」那麼也可以直接在筆記上打個大X。

如果覺得「不行，考試前我還是有可能解不開這一題。」那麼就把此段內容留下來，之後再複習一次。

為了讓複習的速度增快，我們必須要移除不需要的資料。

在反覆的複習之後，打X的部分就會越來越多，而下一次再複習時，速度就會更快。

「討厭複習」的人，是因為在複習的過程中，每次複習都要花上同樣的時間，而且不斷複習相同的內容，因而感到厭煩。只要在複習的過程中，把已經融會貫通的內容刪除，就能不斷降低下一次的複習量，讓自己對複習這件事情產生成就感。

所以儘管在自己已經有把握的題目上，大量地畫X吧！

不斷在複習中增加「X」

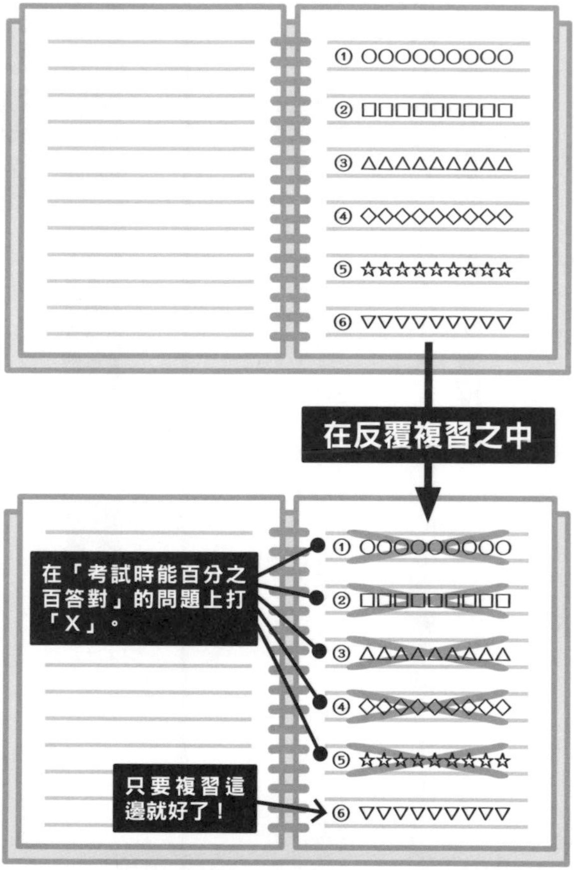

① ○○○○○○○○○○
② □□□□□□□□□□
③ △△△△△△△△△△
④ ◇◇◇◇◇◇◇◇◇◇
⑤ ☆☆☆☆☆☆☆☆☆☆
⑥ ▽▽▽▽▽▽▽▽▽▽

在反覆複習之中

在「考試時能百分之百答對」的問題上打「X」。

① ○○○○○○○○○○
② □□□□□□□□□□
③ △△△△△△△△△△
④ ◇◇◇◇◇◇◇◇◇◇
⑤ ☆☆☆☆☆☆☆☆☆☆

只要複習這邊就好了！

⑥ ▽▽▽▽▽▽▽▽▽▽

「X」增加越多，複習也會越來越有成就感。

02 不要猶豫，乾脆地撕棄沒用的頁面

One-Minute Tips for Effective Notebook Techniques

前一節提到，複習過程中，要將已經不需要的部分打X做記號。但若是整頁筆記都滿滿是X的記號，那麼這一頁就可以直接丟掉了。

如果筆記的八成打上了大X，只剩兩成需要複習，那你可以將剩下兩成剪下來，貼到A4活頁筆記本裡。

隨著一次又一次的複習，不斷地降低複習量，才是正確的複習法。

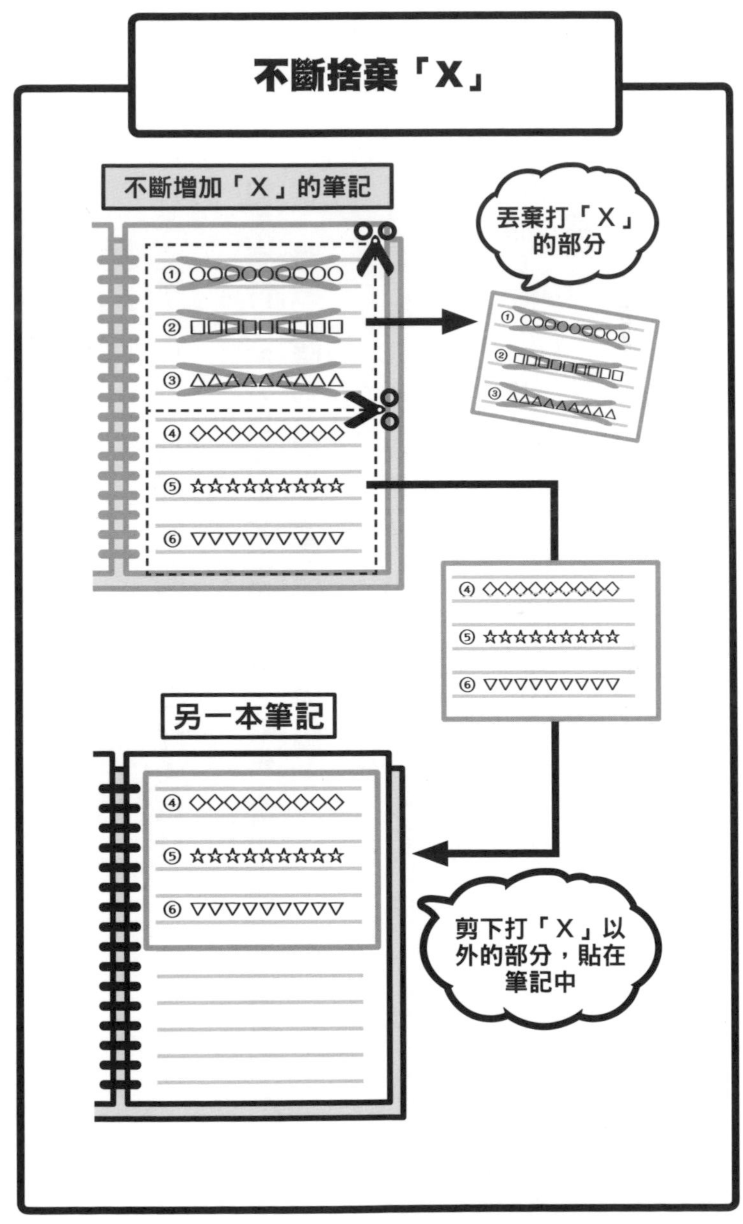
不斷捨棄「X」
不斷增加「X」的筆記
丟棄打「X」的部分
① ○○○○○○○○○○
② □□□□□□□□□□
③ △△△△△△△△△△
④ ◇◇◇◇◇◇◇◇◇◇
⑤ ☆☆☆☆☆☆☆☆☆☆
⑥ ▽▽▽▽▽▽▽▽▽▽
另一本筆記
剪下打「X」以外的部分，貼在筆記中

如果你沒學會在筆記上打X的話，隨著課程進度持續推進，你要複習的筆記量只會不斷地往上增加，不會減少。

背英文單字也是，爛熟於心的單字，就乾脆也打上大X吧！

如果要背一千五百個英文常用字彙，就先大膽地畫除書中已經熟記的單字，將數量降到五百個單字後再開始背誦。

若是連已經學會的單字也一起複習，實在太浪費時間了。我們之所以使用單字書背單字，就是為了只背自己沒看過、不記得的。

看到這邊也許有人會問：「那麼，要使用哪一種單字書比較好呢？」答案非常簡單。

「任何一種英文單字書都可以使用」。

比如說，若是《英語單字2000》，在我們先做過篩減之後，可能就會降到只剩一千個單字；若原本是一千兩百字的單字集，則可能馬上變成四百字。

持續用X來劃記，養成直覺反應的習慣，會是比想像還簡單的動作。

One Minute

標上日期，就能將事件做個「記憶鍊結」

我建議，一定要記得將筆記標上日期。活頁紙的右上角，通常有一個欄位可以填上日期，千萬不要忘記了。

建議要標出日期的原因有兩個：

①看到日期時，當天發生的事情就會像一串相互勾連的掛鉤一樣，一件一件回想起來。

②讓自己確認這一天也認真複習過了，加強自己的信心。

第一，若剛好寫到自己生日時，就會加深印象：「對了，我在生日當天有複習到這個」。如果是喜歡的人的生日，以這件事當做掛鉤來串連，連帶你也慢慢地會喜歡作筆記。

第二，若日期是1月1日，會讓人油然而生一股自豪感：「我從元旦第一天就這麼認真複習，怎麼可能會不及格呢！」

若是12月24日的話，還能在心中給自己按個讚：「聖誕節也這麼認真！別人都跑出去玩了我也是認真在唸書！」

當然，一定有人還是認為特地寫上日期沒什麼意義，但寫上日期的時間花不到一秒，卻能做出記憶掛鉤，串連起來加深印象，還可以讓自己更有自信，所以建議你還是在筆記的右上角標上日期吧！

One-Minute Tips for Effective Notebook Techniques

03 使用「藍色魔擦筆」

藍色是連結色。

著名的入口網站雅虎（Yahoo），也是用藍色來標示連結。

重要的事情用藍色記下來，不重要的內容才用黑色。

請記住，只要這個習慣養成了，你的記憶力將會增加一成以上。

強調用藍筆的這件事在《一分鐘學習術》與《一分鐘記憶法》時也提過，

很高興因此有很多讀者願意改用藍筆來作筆記。

在日本，已經有數萬人實踐這項規則，所以，請您也開始改變習慣，用藍筆來作筆記吧！

只要從黑筆換成藍筆，就能增強記憶力，這種立竿見影的效果，只需要做「換筆」的動作就好，不需要額外的努力就可以實現。

既然如此，當然要立刻付諸行動囉！

我推薦使用百樂的魔擦筆，除了筆頭可以擦掉寫錯的地方，而且只要單手一壓按鍵就可以使用，不必先打開筆蓋，非常方便。

而且請不要一支一支零散地買，一次直接買兩打二十四支。

在我手邊的藍色魔擦筆也一直都保持在二十幾支左右。

因為，不用努力就能提升記憶力的，不是黑筆，而是藍筆。

買「0.7ｍｍ」，而非「0.5ｍｍ」的原子筆

選購藍色的魔擦筆時，請記得不要買0.5ｍｍ的筆芯，而要選擇賣0.7ｍｍ粗的筆。

因為這樣一來，就能輕鬆寫出1.4倍粗的字體。

同樣不需要特別努力，字就能馬上變粗1.4倍，複習的時候就能簡單地一眼看得更清楚。

大多數人都愛用0.5ｍｍ的筆芯，不過當你開始使用0.7ｍｍ的筆時，1.4倍的效率馬上就會出現了。

讓工具成為你的好朋友

原子筆

0.7mm

光線

刺眼的光線

溫和的光線

只是換了工具，就能提升學習效率。

考試的時候，決定勝負的關鍵常常就是那僅僅一分的差距。所以複習的時候，更要吹毛求疵地去追求所有對自己有利的條件。

要提升複習的效率，有兩個方法：

①改變學習的方式
②改變學習時使用的「工具」

其中尤其是第2點，「換工具」這件事是最能夠輕鬆做到，無痛上手的。

讀書光線的部分也是，只要將刺眼的檯燈改成光線溫和不傷眼的，就能提升複習效率。

因為有這些工具的存在，當你感冒了，或是提不起勁來的時候，它們將會成為你最想感謝的好朋友。

chapter 6

活化右腦的筆記技巧

One-Minute Tips for Effective Notebook Techniques

01 使用四色螢光筆來刺激右腦

One-Minute Tips for Effective Notebook Techniques

作筆記時，基本上大部分的內容都要使用藍筆書寫。重要的地方，要用紅筆畫上底線。忘記了也沒關係的部分，就用黑筆來書寫。

關於原子筆使用的顏色，請選擇藍色、紅色與黑色三種就好。雖然常常會有人用到十二個甚至是二十四個顏色，但那會很容易陷入顏色分類的迷思中，平白浪費不必要的時間，所以建議各位讀者保持使用三個顏色就好。

根據記憶的四種階段來使用螢光筆

看到就懂的事

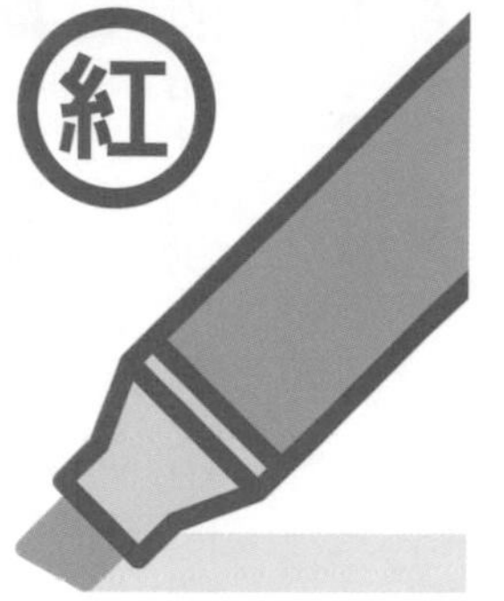

看了之後，要略加思索才理解的事

以前看過，但了解不多的事

從來不曾聽聞的事

使用紅、綠、黃、藍四色螢光筆，來對應「記憶四階段」

螢光筆的部分，我推薦使用四個顏色就好：

- 紅色……看到就懂。
- 綠色……看了之後，還要略加思索才理解的事。
- 黃色……以前看過，但了解不多的事。
- 藍色……從來不曾聽聞的事。

以上就是本書推薦的四色使用法。

我強力推薦，一定要根據四種不同的記憶程度來使用螢光筆。

02 用四種顏色來學英文

One-Minute Tips for Effective Notebook Techniques

我們在背英文單字時也可以用四色來區分：

- 紅……看到就懂的單字。
- 綠……看了之後，要略加思索才理解的單字。
- 黃……以前看過，但了解不多的單字。
- 藍……從來不曾聽聞的單字。

紅色是之後我們可以完全不用再複習的。

以優先順序來看，可以分成三個階段：

①要將綠色的單字提升為紅色。

②要將黃色的單字提升為綠色。

③要將藍色的單字提升為黃色。

當你把單字從綠色提升至紅色的這一個階段，是最不費力，自然而然就可以做到的。

因為這些單字已經過反覆複習，深刻印在腦海中。

當單字書內全部的字都提升到紅色的階段，就是這本單字書結束它使命的時候了。

英文文法分成四色來作筆記，快速提升記憶力。

碰到英文裡關於文法的問題時，可使用以下方式區分[5]：

- 紅色……句構。
- 綠色……成語、慣用句。
- 黃色……其他。
- 藍色……副詞、連接詞。

這種區分法可以讓我們一眼就能分辨，像是：這句英文的句構是怎麼組成的？哪一句是成語？就像文法大師一般。

5 可參考《1分間英文法6○○》，日本水王社出版

很多人之所以會覺得「英文文法很難理解」，就是因為不知道該用什麼方法去記憶的關係。

用四個顏色來區分後，再難的英文文法也會變得一目瞭然，學習起來讓人更加得心應手。

這樣你就可以省下思考「這是文法？還是片語？」的時間，用最快的時間成為文法高手。

還有，在閱讀長篇英文文章時，還要進一步使用紅色以外的三個顏色來做區別：

- **綠色……要三秒左右才能回想起來的單字。**
- **黃色……有看過，但記不起來的單字。**
- **藍色……從來不曾看過的單字。**

另外，閱讀長篇文章時，在看不懂意思的地方，用藍色的筆畫上底線。

這樣一來，上課時當老師提到要畫線的地方，就能提醒自己「這個地方我不懂，要集中精神聽課」。看中文翻譯時，碰到畫上藍色底線的地方，就可以專注在這不懂的地方，來回對照原文與翻譯。

話說回來，理想的英文單字熟練度應該是如何呢？

「在前三志願的知名大學考古題中，閱讀長篇英語文章時，看不懂的單字不能超過五個。」

用以上的方法來學習英文單字，比起其它的複習方式還要更有效率。

到了這個時候，當您在閱讀英文長文時，將只需要藍色螢光筆。

單字的部分，也只會剩下從來「不曾看過」的這個類別。

至此，英文單字已經達到一定的水準，除非是初次見到的陌生單字，其他內容都已經在你的掌握之中，考試能夠輕鬆過關也是理所當然。

讓我們以只使用藍色螢光筆為目標，來閱讀英文長文吧！

03

One-Minute Tips for Effective Notebook Techniques

用四色記憶法，讓歷史讀得更輕鬆！

套用到歷史科，不管是研究本國歷史或世界歷史，四色螢光筆筆記術的使用方式如下：

- **紅色……人名**
- **綠色……成就、事件、條約名稱**
- **黃色……其他**
- **藍色……年號**

活化右腦的筆記技巧

因為人類對圖像、顏色等資訊是用右腦來記憶的，以這四種顏色來作筆記，當下次複習時，也就能輕鬆以顏色喚醒腦中的記憶。

研讀歷史教科書也能用四色螢光筆來區分。

首先，一拿到課本，不管是古代史還是現代史，一口氣用螢光筆將出現的人名塗上紅色。

如果要一邊閱讀文字，一邊輪流使用這四種顏色的筆，這樣實在太浪費時間了。

不如先一口氣將人名全部都用紅色畫起來，接著輪番使用綠色、黃色、藍色來畫，這樣才有效率。

只要習慣了四色畫分法的使用，下次複習時，就能讓腦部運作加速啟動、輕鬆記錄。

本國史、世界史的顏色畫分法

紅	綠	黃	藍
人名	成就、事件、條約名稱	其他	年號

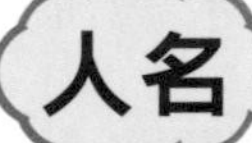

年號　人名

西元622年時，穆罕默德遭到迫害，

從麥加逃離至麥地那的事件叫？

其他　其他

答案：聖遷

成就、事件

用4種顏色來作筆記，就很容易可以喚醒記憶

複習時畫「四重圈圈」做記號

複習時，在「題號」的地方，以圈選的方式，用顏色做記號：

- **紅色……第一次複習時，無法回答的問題用紅筆圈起來。**
- **綠色……第二次複習時，仍無法回答的問題，再用綠筆圈起來。**
- **黃色……第三次複習時，仍無法回答的問題，再用黃筆圈起來。**
- **藍色……第四次複習時，仍無法回答的問題，再用藍筆圈起來。**

然後你就會發現，老是回答不出來的問題，就會被畫上四重圈圈。

只要這樣做，複習時就能因為要思索是否要增減圈選，輕而易舉連帶加深記憶。

不需再複習第二次的問題，請打X。
X以外的題目，請使用這四種顏色的筆來作記號。

紅筆圈過的題目，不需要綠筆再度圈選的時候，就打X劃掉。這樣一來，第三次複習時，就剩兩個選擇：綠筆圈過的要打X，或是再用黃筆進一步圈選。

持續這樣下去，X就會越來越多。所以只要掌握四種顏色的使用法，複習量就會越來越少，讀書效率越來越高。

在四重圈圈畫完之前，要大量增加X的出現機會！

chapter 7

訂定行程表的技巧

One-Minute Tips for Effective Notebook Techniques

01 一天的行程從待辦事項開始

One-Minute Tips for Effective Notebook Techniques

請在每天早上養成一個習慣，開始工作前，先把待辦事項寫下來吧！

徹底執行「待辦事項上有寫到的就處理，沒有寫到的就先放一邊去。」的原則，讓工作效率提到最高。

當然，如果中午時要繼續增加待辦事項也無所謂。而新增的待辦事項直接往後追加即可。

在一天的開始時

如果不把待辦事項寫下來……

寫了待辦事項

工作前，如果不一開始先把待辦事項列出來，雜事就會莫名其妙冒出來。例如打開網頁亂逛，或是處理跟原本計劃毫無相關的事。相較之下，有能力處理好工作的人，會依照待辦事項上的內容，一項項去逐一完成。

每天養成寫下待辦事項的習慣，就能知道下一步該做什麼，如此一來，當你對未來有所規劃，也能一步一步地加以實現。

要常常思考如何才能讓工作在最有效率的方式下完成，並且讓腦袋處於全力運轉的狀態。

寫下「兩大目標」，不再三心二意。

一天請訂定兩個目標。

如果只訂了一個，要是這個目標沒辦法完成，心情上難免就會感到失落。但若是訂了三個以上的目標，可能因為時間不夠或意外狀況，導致最後連一個目標都無法完成。

比如說，今天計畫只複習數學，卻又卡在很難的題目上轉圈，遲遲無法解決，而造成學習效率低落，最後進度掛零。

若想一口氣複習數學、理化和英文三科，複習完數學後，又可能三心兩意，考慮接下來是要複習理化還是英文比較好？盡把時間浪費在猶豫上。

為了不讓自己浪費多餘的時間在三心二意之上，目標設定兩個就好了。

「我今天只複習數學和英文！」一旦決定了，數學複習膩了就看英文，英文膩了再回來看數學，這樣反覆操作，這兩科就都能夠專心複習到。

唸書的時候，目標設定兩科。

工作的時候，同樣只設定兩個目標。

chapter 7 訂定行程表的技巧

這樣一來，在你不知不覺中，就能完成兩件事情。

如果只有達成一件，那就隔天繼續加入一項新的目標，用同樣的方式反覆操作即可。

如果這樣每天持續設定兩大目標，半年、一年後，你就會對自己達成的成效驚訝不已。

一天只要設定兩個目標

× 只有一個目標

在失落感中結束這一天

◎ 設定兩個目標

一面轉換氣氛一面唸書

× 目標設定了三個以上

浪費時間思考

02

One-Minute Tips for Effective Notebook Techniques

嫻熟使用「灰姑娘之心日記」

一個人一天的行程表，也可以用四色來區分。

- **紅色……工作（唸書）**
- **綠色……唸書、閱讀**
- **黃色……有趣的事情**
- **藍色……雜事**

如此，以上四種。

您在一天當中，做了以上哪幾件事呢？

我一開始也有想過分成這四個顏色來劃分行程表，但後來發現使用顏色過多，反而導致混亂，最後我就改良成用一個表格來彙整。

我將這張表格取了一個名字——「灰姑娘之心日記」。

原始版本提供於網路上免費下載。（http://www.kokorocinderella.com）

當然，您也可以參考我的版本，另外製作專屬於自己的「灰姑娘之心日記」。

如何能讓自己能夠充實地度過每一天，端看您用什麼方式作行程表。

使用「灰姑娘之心日記」的四個步驟

關於灰姑娘之心日記的使用方法，分成四個步驟：

①將今日要做的事，分成四個類別寫下來。
②寫下兩大目標。
③用數字列出優先順序。
④緊急事項的部分，使用紅筆畫底線。

請先不假思索的將今天要做的事情分成這四個類別，一一寫下。

接下來，從列表中選出兩個你覺得能在今天之內完成的事項，分別寫進兩大目標中。

灰姑娘之心日記

Kokoro Cinderella Diary

今天的兩大目標 ①

②

待辦事項列表（　月　日）

自我成長 (學習+閱讀清單)	
工作	
娛樂	
雜項	

http://www.kokorocinderella.com/

原始版本可至http://www.kokorocinderella.com下載，讀者亦可影印本書206頁之附錄使用

再從列表中依急迫性訂出先後順序，緊急的事項排在前面，分別用1、2、3、4等數字標示出來。

若是其中有**「今天非完成不可」的緊急事項，則用紅筆畫上底線，凸顯其重要性。**畫上紅色底線的，有可能是第四項，當然也有可能是第六項，這都沒關係。

這樣一來，今天有哪些待辦事項、優先順序為何就會一目瞭然，省去還要多花數十秒去考慮：「我接下來要做什麼？」

在一天的開始先準備好這張表格，你的工作效率將會大幅提高。

One-Minute Tips for Effective Notebook Techniques

03 使用「動詞」，展現熱情

chapter 7

灰姑娘之心日記上的「閱讀欄」，直接寫上書名就可以了，如《一分鐘讀書法》、《一分鐘記憶法》這樣。

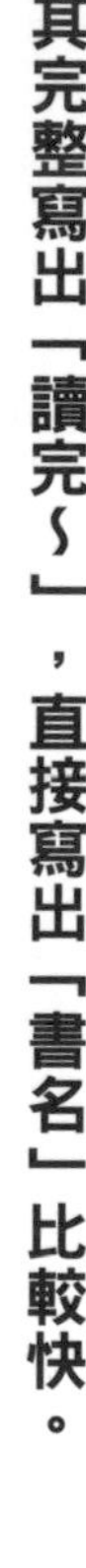

與其完整寫出「讀完～」，直接寫出「書名」比較快。

閱讀或唸書是我們每天都應該固定執行的事，所以其實大可省略動詞。但若是為了要更展現出行動力的氛圍，就把動詞加上去吧！

「研討會ＤＶＤ」太平鋪直述，改成「看研討會ＤＶＤ」加入行動的要素，會讓人更有動力去做這件事。

每天的例行公事，寫名詞即可。

現在在寫這本書時，今天我的灰姑娘之心日記裡是這麼記的：

「寫筆記術」

「信」

因為我目前正在寫這本書，所以有「寫筆記術」的這一條。

至於為何只簡單寫「信」一字，是因為我每天都會更新我的網站上「石井貴士的信」專欄，而且已經變成一種習慣了。

像這樣生活中的大小事，日復一日執行變成習慣以後，常常直接寫名詞

「信」，動詞的「寫」就可以拿掉了。

但比起只有「筆記術」一詞，「寫筆記術」則是加上了動詞去活化這個目標，更讓人會有動力去做這件事。

又例如「聽研討會CD」、「買墨水」、「洗衣服」……照這樣的方式寫下來，做事會讓人比較拿得出幹勁。

One Minute

每天最底限是「兩大目標」，最高標「是消化完整頁待辦事項」

已經完成的待辦事項則用「——」這樣的刪節號劃掉。

從第一順位開始刪除，也許一天能做到五項，也許一天三項。若是全部都刪光光了，你就會感到今日過了非常充實的一天。

若是「還有體力，想再多完成一些工作」，那麼就再寫一張灰姑娘之心日記吧。

一天當中，最低限度是完成兩個目標。

若是完成了兩個目標，就請誇獎自己一下吧：「今天也過了充實的一天！」

若是表中的所有目標都在今天當中完成了，也記得要讚美自己：「我今天超讚的啊！」

但說是這麼說，事情無法全部完成，一天就這樣結束了的情況，通常還是比較多的。

若是今天有留下尚未完成的待辦事項，就寫在紅色便利貼上吧，把它貼到明天的灰姑娘之心日記上就可以了。

chapter 8

四色文具
活用術

One-Minute Tips for Effective Notebook Techniques

01 用四個顏色來決定筆記的優先順序

One-Minute Tips for Effective Notebook Techniques

一日行程表中的優先順序，用四種顏色排列起來的話，順序如下：

- **紅色……現在應該要馬上做，最重要的事。（緊急度大、重要度大）**
- **綠色……百分之百確定要做，但還沒急迫到非立刻去做不可。（緊急度小、重要度大）**
- **黃色……半年到一年內完成就行了。（緊急度中、重要度中）**
- **藍色……有機會的話想試試看，但不去做也無所謂。（緊急度小、重要度小）**

由於灰姑娘之心日記是每日行程表，所以只會寫紅色部分的緊急事項，寫完當天的行程後，綠、黃、藍色的部分可能已經沒有位置可以寫了。因為灰姑娘之心日記只有一天的分量。

這時，就是便利貼出動的時候了。

分別在綠色、黃色、藍色便利貼寫上前述不同優先順序的待辦事項，雖然無法今天開始完成，但總有一天能找到機會做。

接下來準備一張Ａ４紙，用圖釘釘在牆上，再將便利貼貼在上面，你就能隨時看到自己未來的目標了。

「紅色便利貼」用在延展事項上

有些事原本是今日的待辦事項，但若是今天來不及完成，就寫到紅色便利貼上吧！

接著再貼在隔天的待辦事項上即可。

這樣一來，就能很容易發現有些事「雖然連續延後了一個星期，也沒造成什麼問題」。

也就是事實上並沒有這麼緊急，寫在綠色便利貼上也無不可的事情。

出現這種狀況的時候，我就會把它的重要性降到綠色便利貼的程度，再貼回牆上。

若是提前完成今天的待辦事項，就任選一張綠色便利貼，貼在今天的待辦事項上，補充今日該完成的目標。

養成把待辦事項貼在牆上的習慣吧！

讓想做的事情不斷出現在視線範圍內的好處是，我們常常會在睡前、吃飯時、上廁所時……突然冒出靈光一閃的好主意。比如說：寫上「尋找插畫家」，貼在牆上，有一天偶然就會有個好人選突然閃進腦海中。

不止用顏色區分，「大小」也要加以區分。

便利貼的尺寸我們也要分成三種來使用：

- **小型便利貼……只寫關鍵字。**
- **中型便利貼……寫名詞或是動詞。**
- **大型便利貼……需要用短文表達的事。**

我的應用方式是，如果有新書的構想，就將書名寫在小型便利貼上。因為內容只有書名而已。

中型便利貼則是列出「輸入Excel」「寫簡報」等等，名詞與動詞兼具的項目。

而「幾月幾日之前，要給誰什麼資料」這一類比較複雜的項目，就寫在大型便利貼上。

隨時準備三種尺寸的便利貼，執行以上的標準，你就再也不會困擾「這個應該寫在哪個尺寸的便利貼上」了。

準備三種不同大小的便利貼

1 小型便利貼

2 中型便利貼

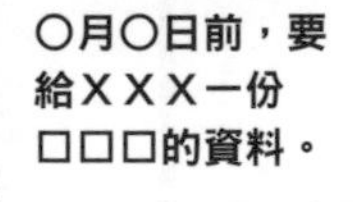

3 大型便利貼

事先決定好什麼尺寸的便利貼要寫「什麼類型的資料」，就不會浪費時間思考了。

四色文具活用術

02

One-Minute Tips for Effective Notebook Techniques

善用四色「活頁文件夾」

寫好的Ａ４活頁筆記，就用四色的活頁文件夾來進行歸納：

- **紅色文件夾……最重要的資料。**
- **綠色文件夾……第二重要的資料。**
- **黃色文件夾……第三重要的資料。**
- **藍色文件夾……第四重要的資料。**

讓我們以這樣的優先順序來做整理吧。

用四個顏色的活頁文件夾歸納筆記

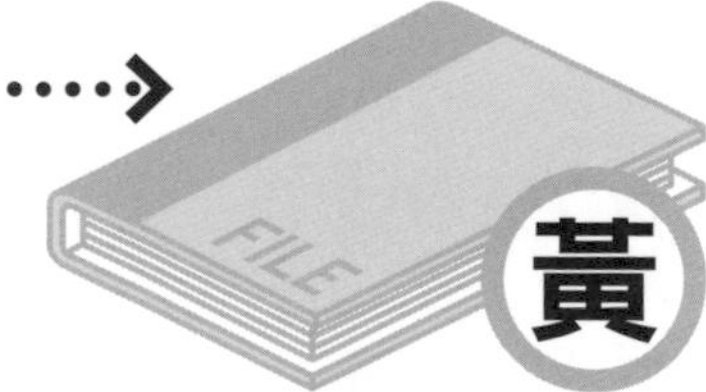

工作相關的部分用下面的原則來分類也行：

- **紅色文件夾……商務相關資料。**
- **綠色文件夾……書籍相關資料。**
- **黃色文件夾……其他資料。**
- **藍色文件夾……客戶廠商的聯絡資料。**

當然，你也能改用適合自己的分類方式。

比如作歷史筆記時，可以分成世界史、古代史、中世界史、近代史四色，或者把地理筆記分成：中國、東南亞為紅色、歐洲為綠色、南美洲為黃色、綠色則是美國。

充分運用這四個顏色，將分類養成自然而然的習慣，屬於自己的獨特筆記本就水到渠成了。

「透明檔案盒」也用四色區分，應用無限。

如果想用透明文件夾來歸納資料的話，也請買紅綠黃藍4色。A4的影本、工作文件就用這四個顏色的文件夾來區分歸納。

理想的方法是，不管是活頁筆記本、透明文件夾、用四個顏色的透明檔案盒來分類。

看到這裡，應該會有人覺得：「我都已經用透明文件夾歸納了，還要再用透明檔案盒來歸類，實在超級麻煩！」

如果你覺得麻煩的話，也可以用寬度大約10公分左右的盒子，一樣分成四個顏色，直接把文件放進去即可。

●紅色檔案盒……一看就知道，完全不需要思考。

●綠色檔案盒……再看一下就會記得，需要優先複習。

●黃色檔案盒……有看過，但不記得，有時間或需要再拿出來複習即可。

●藍色檔案盒……沒看過也沒聽過，以後應該也不會再看的資料。

如上所述，再把文件、活頁本、透明資料夾歸類到透明檔案盒之中。

活用四色透明檔案盒

紅　綠　黃　藍

將透明文件夾放到檔案盒內

紅　綠　黃　藍

輕鬆把文件、筆記分類
成一目瞭然的程度！

chapter 9

複習一頁只要一秒的筆記技巧

One-Minute Tips for Effective Notebook Techniques

01 「超過三行的文章」會造成閱讀困難

超過三行的文章，會造成複習的時候難以閱讀。

一句話能只用一行結束的是最好不過的。不然，就儘量將行數控制在兩行內。

我在寫文章的時候，也儘量在一兩行內做一個段落。

因為人在閱讀超過三行的段落時，會拉長內容理解的時間，這樣一來就難

把一句話分成兩行也有好處

A先生說的是正確的，B先生說的是不對的。

A先生說的是正確的。

B先生說的是不對的。

目的是縮短複習的時間！

以用一秒鐘來閱讀理解一整頁的內容。

切記，我們是為了縮短下次複習的時間，所以作筆記的。

但是有一種情況是：雖然一行寫完沒問題，但是我們要特地把它分成兩行。

例如以下這句：A先生說的是正確的，B先生說的是不對的。

A先生說的是正確的。
B先生說的是不對的。

這樣把一句畫分成兩行後，複習時文句一映入眼簾，瞬間就能理解，讓學習變得更輕鬆。

就算是同樣意思，只是「換句話說」也能變得更易懂。

在英文中，有「Not A but B」這樣的句型。簡單翻譯就是「不是A，而是B」之意。

這樣的文句也有另外一種用法是改寫成「B，not A」。

在筆記術中，寫成「B，not A」比用「not A but B」的句型，更能加深複習時的印象。

實際應用時的寫法為：

B（非A）

這樣寫才是正確的。

比起「不是豐臣秀吉，而是豐臣秀賴」，

豐臣秀賴（非豐臣秀吉）

這樣寫會讓你在下次複習時更容易立刻理解。

也就是說，先講結論，在之後補齊需要注意的重點，就能加深印象。

02

不疾不徐才能做出好筆記

One-Minute Tips for Effective Notebook Techniques

chapter 9

很多人都有這樣的經驗：「我明明打算把重點一字不漏全寫下來，結果卻什麼也沒記到，課程就這樣結束了！」

為避免這種情況，我們應該養成習慣，在上課的前十分鐘內，不管是什麼內容都好，總之儘快動手作筆記。

把原本一片空白的頁面，變成已經有寫上內容的筆記。

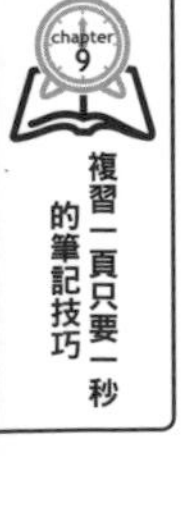

街頭音樂演奏者在開始展開表演之前，會先放個幾百塊在他的空吉他盒裡面。

這樣一來，讓吉他盒呈現好像已經有人投過錢的狀態，就比較容易吸引人跟著做同樣的事，讓路人把錢投進去。

作筆記也一樣，若是筆記本上已經有文字了，繼續往下寫也就不再那麼困難了。

開始上課以後的十分鐘內，不相關的事情也可以，趕快在筆記本上寫下來吧！

不要只想著要記下重點，讓心情越來越急躁，而是二話不說就開始動手，告訴你，最後終究還是這樣的人才能作出好筆記。

開始上課的十分鐘以內儘量先寫點東西

專注在於記重點這件事

不管什麼都先寫下來再說

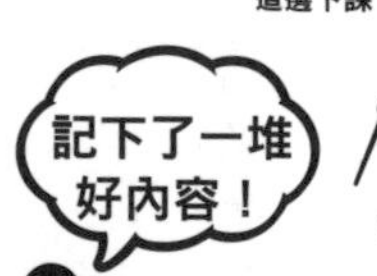

只要同一頁能「複習超過二十次」，就能達成一秒看完一頁的目標。

「一秒複習一頁，這怎麼可能！」有些人會有這樣的想法，所以一開始就放棄了。

當然！當你讀第一遍筆記時，是不可能一秒讀完一頁的。

這是因為你通常還需要時間回想，內容也有一些還不懂的事情要再增記。

但是同一份筆記，反覆複習兩、三次之後，就可能從每頁需要閱讀三十秒，進步到只需二十秒，縮短將近十秒。

在此同時，你又順便將「已經充分了解，不需要再複習」的部分打上一個大X。

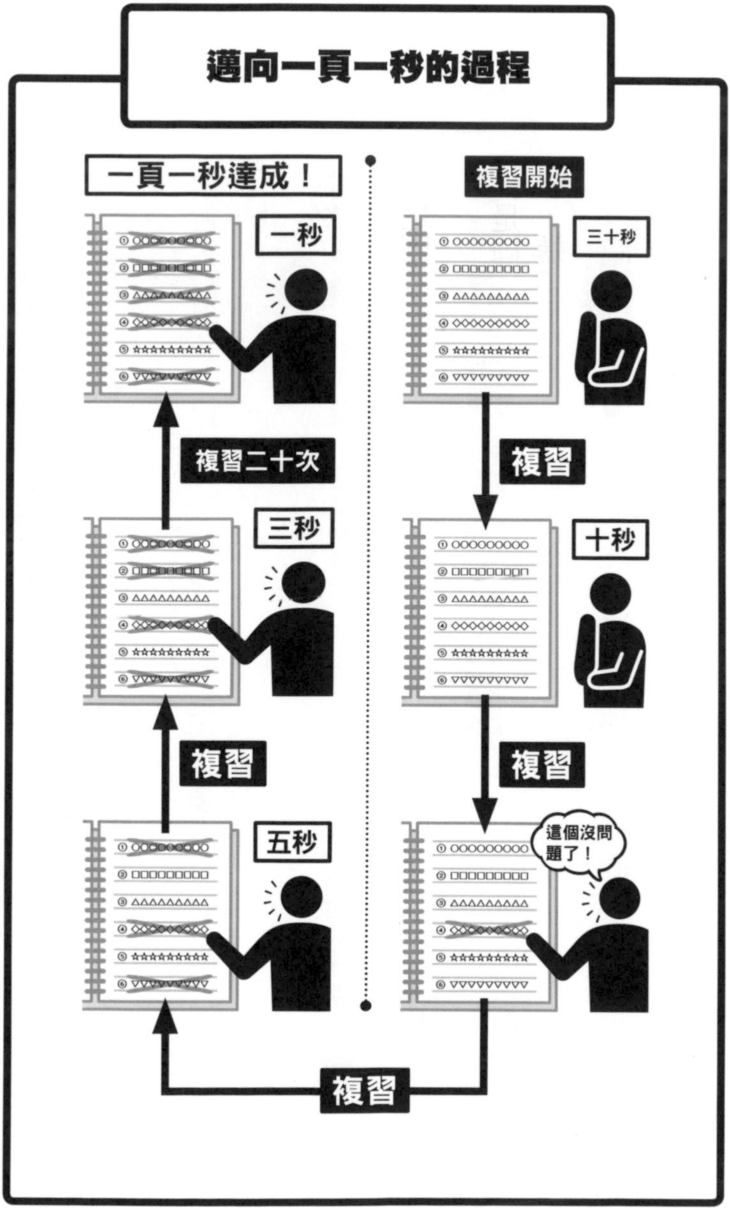

邁向一頁一秒的過程

複習開始

三十秒

複習

十秒

複習

這個沒問題了！

複習

五秒

複習

三秒

複習二十次

一秒

一頁一秒達成！

這樣一來，下次再複習時，已經理解的部分就不需要再看了。

如此，重複複習十次以後，就能將複習每個頁面的時間縮短到三到五秒之間。

複習次數越多，打「×」的部分也會越來越多，最後形成每頁三分之二以上的內容都打「×」的狀態。

複習超過二十次後，自然而然，就剩下只用一秒鐘能複習完的部分。

重新剪貼「沒有打『×』的部分」

在筆記本中，一頁有三分之二的部分都打「×」的狀態下，也就是說重要的內容只剩三分之一了。

只剪貼這些重要的部分，就能將原來三頁的內容濃縮成一頁。若這些頁面之前只使用單面，那麼就能直接貼到活頁紙上。

重新彙整的這些資料，再重複複習二十次，又能再縮減三分之二。剩下的部分依上述做法再次剪貼，逐步縮減筆記的分量。

當養成每頁都重複複習二十次的習慣以後，下一次複習的時間，就會越來越短。

03

問答不超過四題

One-Minute Tips for Effective Notebook Techniques

如果你要使用問答的方式來記憶資訊，每一頁最多只能放四題。

像這種問與答的筆記，通常會做成卡片的形式。

這樣的確比較便於攜帶。

不過，有種方法能再進一步提升記憶的速度。

那就是——**每一頁只列出四道問答題。**

用問答形式來作筆記

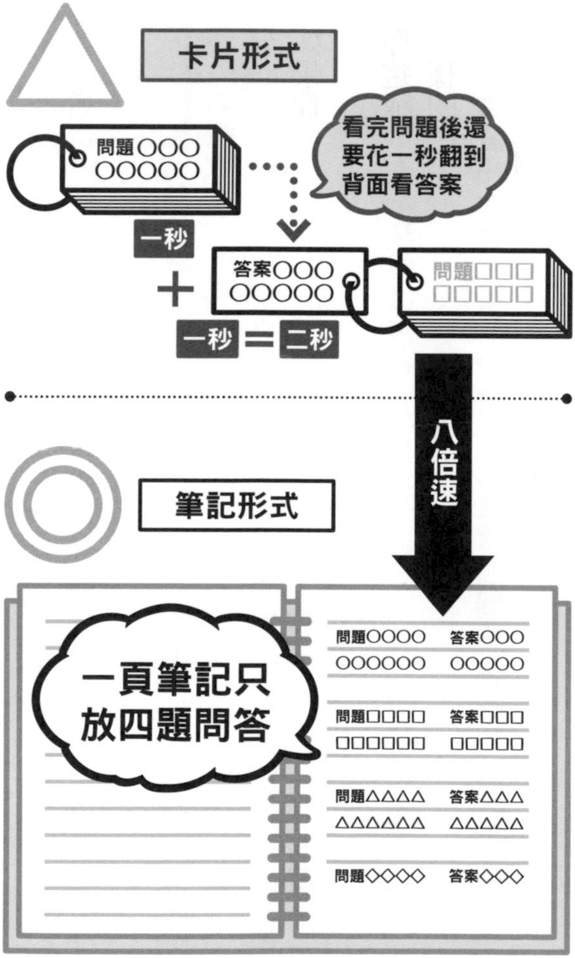

△ 卡片形式

問題○○○
○○○○○

看完問題後還
要花一秒翻到
背面看答案

一秒

＋

答案○○○
○○○○○

問題□□□
□□□□□

一秒＝二秒

八倍速

◎ 筆記形式

一頁筆記只
放四題問答

問題○○○○ 答案○○○
○○○○○○ ○○○○○

問題□□□□ 答案□□□
□□□□□□ □□□□□

問題△△△△ 答案△△△
△△△△△△ △△△△△

問題◇◇◇◇ 答案◇◇◇

當我還是考生的時候，曾經做過一個實驗：「用一問一答的方式來作筆記，那我一秒最多能複習幾個問題？」

結果發現「四題還能做到一秒複習，五題以上就在能力範圍之外了。」

若用一般卡片形式，一面只有一道題目，而且為了看答案又要浪費時間翻面，太沒效率。

若是一頁筆記上能同時有四道問答題，不但內容一目瞭然，速度還能夠提升八倍。

如果你原本認為自己複習速度無法再提高了，建議你試試看這個方法。

反覆複習20次以上後，就可以把複習四個問答題的時間壓縮到一秒內完成。

在筆記中寫問答題時，要「把一個字放大到兩行的大小」

問答形式的筆記，必須要用不同的方法來撰寫。

不要用活頁紙，而是橫向使用A4空白影印紙。

先把A4影印紙橫向、縱向各對折一次，將整張紙畫分為四等份。使用方法為，左半部寫下問題，右半部寫答案。

其中要特別注意的是，字體請儘量放大至活頁本兩行左右的高度。大約是縱高14公厘的尺寸。

當然，要使用藍色原子筆。

完成後，應該會形成左邊有四道題目，對應右邊的四個答案。

使用問答形式作筆記，字體至少必須放到這麼大，未來才能徹底執行一頁一秒的複習。

chapter 10

能讓人快樂學習的筆記技巧

One-Minute Tips for Effective Notebook Techniques

01 貼貼紙讓學習更有趣

在自己的筆記本上貼上喜歡的可愛貼紙，會讓自己更喜歡這本筆記。

貼上自己喜歡的、看了就愉快的貼紙，可以讓自己的心情在學習過程中保持愉快。

比如說貼上「七龍珠」裡的超級賽亞人的貼紙，可以感覺自己好像就要發動超能戰鬥力一樣。

但是要注意的一點是，在自己喜歡的科目或是拿手科目上，你不需要用到

貼紙只貼在不拿手科目的筆記中

討厭的科目的筆記

喜歡的科目的筆記

貼紙戰術。

既然是本來就喜歡的科目，用一般正常的複習方式就行了，貼了只會讓自己把心思花在欣賞貼紙上，那才是得不償失。

要記得，只在自己不喜歡的科目筆記中貼貼紙。在不喜歡的筆記中，貼上最喜歡的貼紙，這樣一來，就算再討厭這個科目，也會因為喜歡裡面的貼紙而想翻閱複習。

為了強迫自己喜歡上討厭的東西，就要使出最強的殺手鐧。

活用貼紙，將感情注入學習中

雖然我們說：學習就是一種邏輯方法。

但是**在學習的過程中投入感情，更能增強記憶**。

「真的嗎？」「考出來了！」

「哇～～！」「真的假的！」

「太棒了！」「好可憐（淚）」

「不覺得很強嗎？」「原來如此」

自己做一些類似上述的「情感記憶貼紙」，貼在筆記上，就能將感情融入在學習中，和大腦的記憶抽屜掛勾。

「考試會出！」「這裡是重點！」

「重要」「最重要」

「Check」「要不斷複習」

「不記得也無所謂」

一起來大量製作做這樣的「幫助記憶貼紙」吧！

多多貼上小貼紙，讓筆記花俏起來吧！

「很努力哦！」「太厲害啦！」
「天才喔！」「做得很棒耶！」
「還是做得到嘛！」
另外也做一些像這樣鼓勵自己的「鼓勵貼紙」吧！
在複習完之後貼上貼紙來標記的話，多少能夠激發自己「我都這麼努力了，應該沒問題的！」的自信。

多做一些有趣的小貼紙，就能讓專屬於自己的筆記本變得趣味盎然。

做出屬於自己的貼紙，貼在筆記上

情感記憶貼紙

真的嗎？

做到了！！

考試會出喔！

要不斷複習

很努力哦！

做得到嘛！

幫助記憶貼紙

鼓勵貼紙

在學習的過程中投入感情，更能增強記憶。

One-Minute Tips for Effective Notebook Techniques

02 將夢想寫在筆記裡，增加學習的積極度

為了更進一步增加幹勁，將夢想寫在筆記中吧！

「筆記裡不能寫跟學習無關的東西」，千萬不要有這種硬邦邦的想法。

寫筆記的目的，就是為了增加學習的積極度。

如果你是個考生，就可以寫上「考上台大！」「考上律師！」這樣的內容，雖然這跟課業毫不相關，卻能讓自己更加積極。

也可以寫下：

「上了大學要交一個可愛的女朋友！」

「進了這間學校要找一個超帥的男友！」

這樣一來，看到這些文字時，就會冒出「我一定要拼了！」的想法。

不要猶豫，正視自己的夢想吧！別害怕被父母看到會不好意思，也別怕被朋友看到會丟臉。

夢想一直改變也無所謂。

因為你要勇往直前去追尋自己的夢想，所以才作這本筆記的不是嗎？

03 把偶像照片貼在筆記本裡

One-Minute Tips for Effective Notebook Techniques

把喜歡的藝人照片，貼在筆記上吧。
可以提升對學習的好感度喔！

你可以在網路上搜尋一下圖片，列印出來，貼在自己的筆記本中。

但我不建議你將喜歡的異性藝人照片貼在房間的牆壁上。因為看到時難免會佇足欣賞，徒然浪費光陰。

在書房裡的海報，要貼上強人或是勝利者的圖片

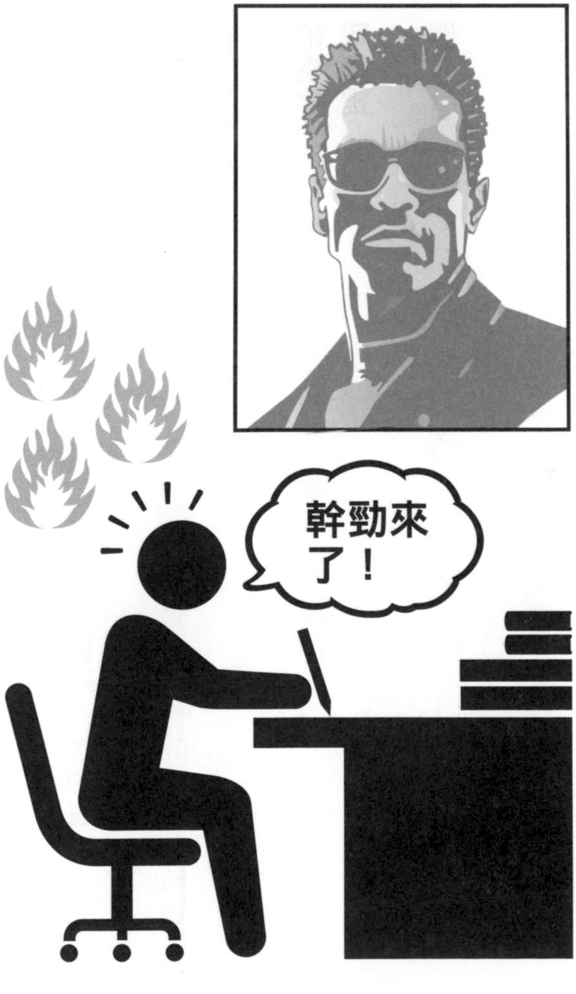

幹勁來了！

若你是貼在筆記裡，即使只是不小心翻到，也能在欣賞照片的當下，看到同一頁筆記中的重要內容，這樣或多或少有學習效果。

若真的想在家裡貼海報，請貼上強悍的人或是勝利者的海報。

例如貼上國家足球代表勝利那一瞬間的場景，在你的潛意識就會有滿滿的「勝利感」。

如果你有考上臺大、雙手高舉勝利的海報、照片等，也請務必貼在書房的牆壁上。

總之，我們要讓房間裡充滿勝利感的氛圍。

順帶一提，現在在我房間裡的海報，是阿諾史瓦辛德。

當你「強而有力」象徵的海報，就會讓潛在意識充滿「強而有力」的氣勢。

04

One-Minute Tips for Effective Notebook Techniques

把「房間牆壁」也變成自己的筆記本吧！

房間的牆壁，可以依據自己的創意，把它變成你專屬的筆記本。

比如說，用A4的白紙貼滿房間的整面牆壁，然後再大量貼上四種顏色的便利貼，這樣你家的牆壁就搖身一變成為牆壁筆記本了。

如果想背世界史的某個部分，就將內容寫在便利貼上，貼在牆上。這樣一來，睡前或是經過時，這些資料都會無意識的映入眼簾之中。

chapter 10

若想將課本的某部分背起來，也可以將之複印下來，貼在牆壁上。

將牆壁變成筆記本，就算在房間裡發呆，也可以產生學習的效果。

廁所，是每天必定造訪的地方。

廁所牆壁也可以貼上A4紙，作筆記整理。

比如說，將英文單字用藍色便利貼貼在廁所裡。

每天一進廁所，這些單字無意間就會映入眼簾，這樣一來，很快便能將藍色便利貼升格到黃色或綠色。

如果你家是透天的，有兩層樓或三層樓，樓梯的牆壁也可以如法炮製。

不僅房間的牆壁能用來記憶，整個家裡的牆壁都可以是你的筆記本。

貼在家裡的這些筆記，就是最好的裝飾品了。

只要學會作筆記，
從今天開始
我們又更接近天才一步！

後記

在我的房間裡，一直都有將近五十本以上的隨身筆記本。

將這些筆記本剪剪貼貼以後，作出來的成品就會放進紙箱裡，因為這樣，我累積了好幾箱筆記本屯在倉庫裡。

書桌旁邊，也隨時放了大概有五百張左右的活頁紙。

因為一直持續不斷記錄、使用活頁紙作筆記，就會感覺自己「是個努力用功的人」。

我的房間牆壁貼滿了空白的A4紙。

而牆壁上也被我貼滿了便利貼。

前面提過，愛迪生生前留下了三千七百本的筆記。

這樣的話，你也留下三千本吧！

你不需要拼命三郎地寫出三千本，而是慢慢地累積起來就好了。

雖然說是三千本，但因為只使用活頁本的單頁，所以實際上也只寫了一千五百本。

但是你不要去想這些，就是以三千本為目標吧！

雖然你只用了單頁記事，但若是累積到三千本，那時的你會成為什麼樣的人呢？

累積起來的三千本，它就是紮紮實實的三千本。

若累積到三千本能用一頁一秒來複習的筆記，那時的你又會是什麼樣的人呢？

肯定已經是個成功人士了。

隨著筆記本的成長而增長了知識，於是漸漸越來越有自信。

讓成功的筆記，創造出成功的人生。

這句話您可以記在心裡，並作出更多的筆記。

您的人生之路會變成什麼樣子，就取決於您的筆記了。

石井貴士

附記

「灰姑娘之心日記」由石井貴士官方網站免費提供，歡迎讀者前往下載使用，或直接影印下頁附錄。

「灰姑娘之心日記」免費下載請前往：

http://www.kokorocinderella.com

娛樂	
雜項	

Kokoro Cinderella Diary

今天的兩大目標 ①

②

待辦事項列表（　　月　　日）

自我成長 (學習+閱讀清單)	
工作	

筆記勝經/石井貴士著；施妍庭譯. -- 二版. --
臺北市：八方出版股份有限公司, 2020.11
面； 公分. -- (How ; 88)
ISBN 978-986-381-223-4(平裝)

1.筆記法

019.2 109017602

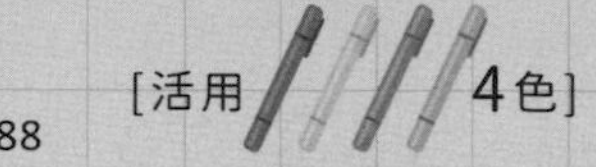

作者／石井貴士

譯者／施妍庭

編輯／王雅卿、江蕙馨

美術編輯／菩薩蠻電腦排版公司

封面設計／王舒玗

總編輯／賴巧凌

發行人／林建仲

出版發行／八方出版股份有限公司

地址／台北市中山區長安東路二段171號3樓3室

電話／(02) 2777-3682

傳真／(02) 2777-3672

總經銷／聯合發行股份有限公司

地址／新北市新店區寶橋路235巷6弄6號2樓

電話／(02)2917-8022

傳眞／(02) 2915-6275

劃撥帳戶／八方出版股份有限公司

劃撥帳號／19809050

定價／新台幣 280 元

二版1刷 2020 年 12月